負効率の経済学

マイナスからプラスを生む思考のすすめ

水野勝之・土居拓務 編

Economics of Negative Efficiency

昭和堂

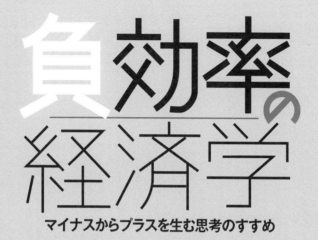

はしがき

本書の「負効率」という言葉は創作である。いま世界ではSDGsが掲げられ、日本でもその達成が目指されているが、そもそものような目標設定がなされたのは、経済の効率性が生み出した負の部分をプラスにして取り返そうというコンセプトが根底にあるからである。経済成長の下で置き忘れた負の部分こそ人類にとって本当は必要だったことに気づいたのである。「負」という文字は後ろ向きに感じるが、「負」こそ人類に幸せをもたらす根源なのである。

さて、経済学を学んでいる学生たちから、経済学がどのように役立つか知りたいという疑問をよく聞く。特にミクロ経済学の場合この疑問が強くなる。

経済学者は、理論に忠実でなければならない、少しでも間違ったと思われることは書けないという立場をとってきた。だが現実には様々なケースがあるわけで、経済学者が経済理論的に間違っていると思う事象が現実社会には存在する。いや、むしろ多数存在する。また経済学者は、一度「消費者は心の満足を最大にするような支出を行う」「企業は利潤を最大化する」と説明したら、その後はそれを貫き通さざるをえなくなる。現実が異なっていることを分かりながらも。

本書は、「経済理論的な考え」を導入し、各事象を説明していく。経済理論が絶対正しいという立場ではなく、「経済理論の手法を使ったらこういう説明になる」的な扱いをする。経済学に対する冒とくにあたるかもしれないが、「現実に経済学がどのように役立つか分からない」という多数の学生が存在する現在、経済学を最も尊重する立場にあたるのかもしれない。

本書では、「負」を前向きに考えるとともに、「経済理論的な考え」と融合させ、マイナスをプラスにすることの正当性を論じたい。行動経済学も交えながら、経済学が現実経済の理解に役立つことも立証したい。

2023年5月

水野勝之

目次

第3章　企業経営の夢――ベンチャーと老舗はどちらが負効率か

第4章　経済効果の負効率——プラス方向しか見ない思考

第5章　英語学習の負効率——これからは楽しんで学ぶ時代

第6章　大相撲の負効率——伝統とイノベーションのせめぎあい

第9章　タクシー業界の負効率——AIが普及したらなくなる職業？

第10章　地方/都会の負効率――人口循環の時期

第11章 PTAの負効率——任意か強制かの議論を超えて

第12章 食の負効率——自給率が低い国の食品ロス

第1章　負効率、万歳！

1　負効率とは

(1)　負効率の再解釈

効率とはよく使われる言葉である。「効率的な事業」や「効率性を高めよう」などと日常でも使われる。経済学は効率性に重きを置いた学問であるとされている。経済学では、労力や努力を最小限にし、結果や成果を最大限にすることが善と考えられている。それこそが経済学における個人や社会の美学であり、これが成立している社会であれば、そこで生活する人々は幸福に違いないと考えられている。

それとは対照的に、不効率、非効率は個人にとっても社会によっても「善くないこと」と考えられる。「労力や努力を費やしたわりに成果が乏しい」という評価は、社会的に認められない事業や行動に対するそれであろう。

では、本書で取り上げる「負効率」はどのような概念であろうか。これは、ある事業や行動の結果として追加の災難が降ってくるようなイメージである。いうまでもなく、これでは事業者や社会は悲惨である。よって、人々は効率的な事業ないし行動を目指すのである。経済学が効率の最大化を目標とする所以である。

しかし、現実社会で必ずしも効率的に生きていけるかというと、そうではない。個人も社会も現実は不効率や非効率の連続であり、ときに負効率も起こりうる。だが、そのような渦中にあるからといって我々が不幸に暮らしているかというと、そうとは言い難い。

我々は自身の行動が必ずしも効率的でないことを認識しつつ動いている。いわばそれらは予定された不効率や非効率であるため、当然のこととして享受できていることが少なくない。本来は効率性を高めたいが、現実社会はそうはいかない。よって、現実の不効率や非効率（≠負効率）を前提として経済生活を送りつつ、そのなかでどのようにして最大の幸福を得ようとするのか、それを考える方が先決であろう。

従来の経済学が効率性を重視してきたのに対し、本書では一定の負効率を所与として、そのなかでの効用最大化を検討する。特に我々を取り囲む負効率とうまく付き合っていく方法について考えていきたい。それこそ、実は我々が最大限の幸せを得るための必要不可欠の奥義なのである。

そもそも負効率とはどういう意味であろうか。その定義は一律に解釈されていないため、本書において改めて整理していきたい。

(2) 費用便益計算

経済学の視点から負効率をいかにとらえるのかを考えてみよう。従来の経済学を考えるにあたり、費用便益計算という方法がある。便益というのは得られる利益のことであり、費用とは、文字通り、その行為に対してかかってきた費用である。

従来の経済学では、前者（便益）が後者（費用）よりも大きい活動は善であり「積極的に実施する」、前者が後者よりも小さければ善くないことなので「実施しない」という判断をする。これを企業で例えると、生産して得られる利益よりも生産にかかるコストの方が大きければ儲からない。よって、その商品やサービスの生産や提供（＝事業）は実施しない。消費者の行動で例えると、財（商品）やサービスを購入（＝消費）して得られる心の満足（＝効用）よりも購入にかかった支出の方が大きいと感じれば、購入しないと判断する。

便益と費用の大きさを比べるため、費用便益値を次の計算式で定義しよう。

費用便益計算値＝便益－費用

本書の効率性概念のひとつとして、この費用便益計算値がプラスであれば効率、それがマイナスであれば負効率であると定義したい。よって、この計算値がプラスの場合は「実行する」、マイナスの場合は「実行しない」というのが、従来の経済学的な判断基準である。言い換えれば、ゼロを基準にした二者択一の考え方であった。

便益と費用の大小を比べるために単純化した図1-1において、点Aまでの左側では費用便益計算においてプラスの値をとるとしよう。すなわち「実行する」という行動をとるのである。一方、点Aの右側ではマイナスの値をとり、「実行しない」という選択をするのが従来の経済学における判断基準である。これはゼロを基準にした二者択一の考え方ともいえる。

しかし、現実はそう単純ではない。このような便益計算ではなく、実際には計算者による将来予想や期待、恣意性、感情が少なからず入り込む。場合によっては「目的を達したい」という強い目的意志が介入し、それが計算上の数値にバイアスを生み出してしまうことがある。

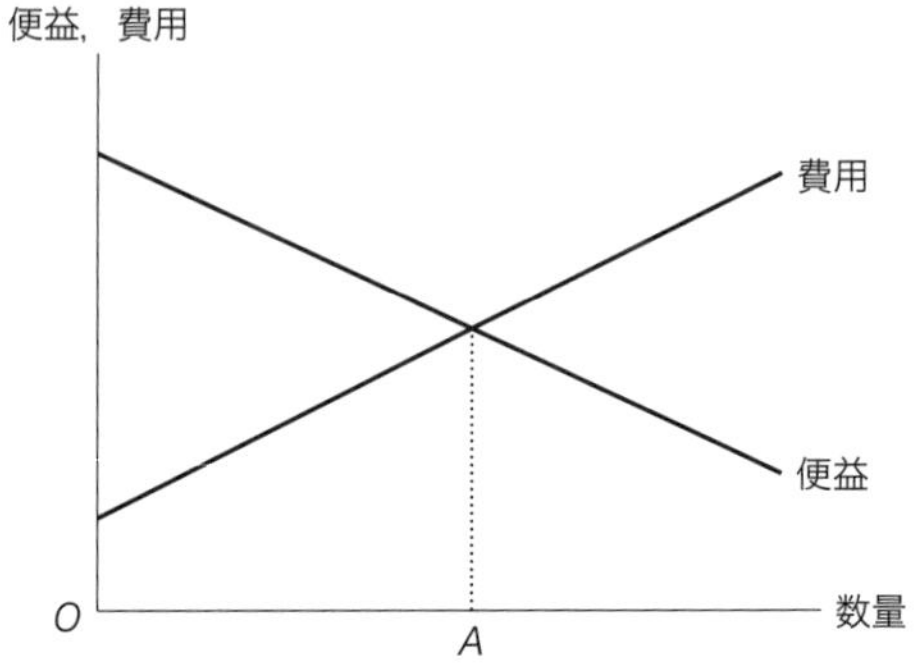

図1-1　便益と費用を図示（仮説例）

(3) 効率的ではないこと

一方、経済学において、この費用便益計算値よりも、もっと効率的であることに対して厳しい基準が設けられていることもある。[*1] それはパレート最適化された状態でないものは、すべて非効率の状態であるという考え方である。

例えば、消費者が持っている予算で最大の心の満足（効用）を得られる財・サービスを購入（＝消費）したり、生産者が持てる生産要素で最大の利潤を上げたりすることができなければ、それは「非効率な状態」と見なされる。また、与えられた予算の枠内において、費用が相対的にかかりすぎていれば（＝過度な非効率）、それは負効率な状態とされる。

しかし、ここで負効率な状態について考えてみたい。負効率と聞くと、さも「善くない」「正さなければいけない」と考えてしまいがちであるが、我々の生活や企業の活動において、効率の最適化（＝パレート最適な状態）を達成することの方が奇跡的であって、不効率や非効率（≒負効率）であることの方が常であり、そのなかで一定の目標を設定して活動しているわけである。自分自身であっても、他人の行動であっても、また、社会や組織活動であっても、最適化された効率的な行動のみを実施している主体を、筆者は見たことがない。

つまりは「負効率＝社会における通常の出来事」なのである。よって、経済学は、負効率を所与として経済をいかにうまく回すかについて議論すべき学問であるべきであろう。

一口メモ① パレート最適（化）

パレート最適とは資源が無駄なく配分された、最も効率的な状況のことをいう。「資源が無駄なく配分されている状態」とは、例えば、他者の満足度や利潤を犠牲にしなければ自身の満足度や利潤をいっさい高められないような資源をめいっぱいに使っている状態のことを意味する。

(4) 経済理論的な説明——需要曲線と供給曲線

筆者は「人は不合理であることを前提に考えることが合理的である」ことを説明する際に、図1-2を用いることにしている。

右下がりの需要曲線Dがある。消費者は財・サービスの価格が高いとあまり買わず、安いとたくさん買うという関係を示している。同時に右上がりの供給曲線Sが存在する。これは、生産者・企業は財・サービスの価格が低いとあまり生産したいと思わないが、高い場合にはたくさん生産するという関係を示している。個人の心理を反映した行動においても、社会全体の動きを反映させた行動においても、需要曲線Dと供給曲線Sの両曲線を描くことができる。なお、需要曲線D上で行われる取引は、消費者の効用（満足）を最大化させることになり、供給曲線S上での取引は、生産者・企業の利潤を最大にすることになる。

ここでは需要曲線Dに注目したい。需要曲線は消費者の満足（効用）が最大になるような買い物（消費）を表している。つまり、縦軸の価格Pに対応させて、満足（効用）が最大になる財・サービスの購入数量を示している。

従来の経済理論では、消費者は図1-3の需要曲線D上にあるいずれかの買い物をすると考えられてきた。

しかし、従来の経済理論に人の感情などを加味して説明する行動経済学では、消費者が買い物を

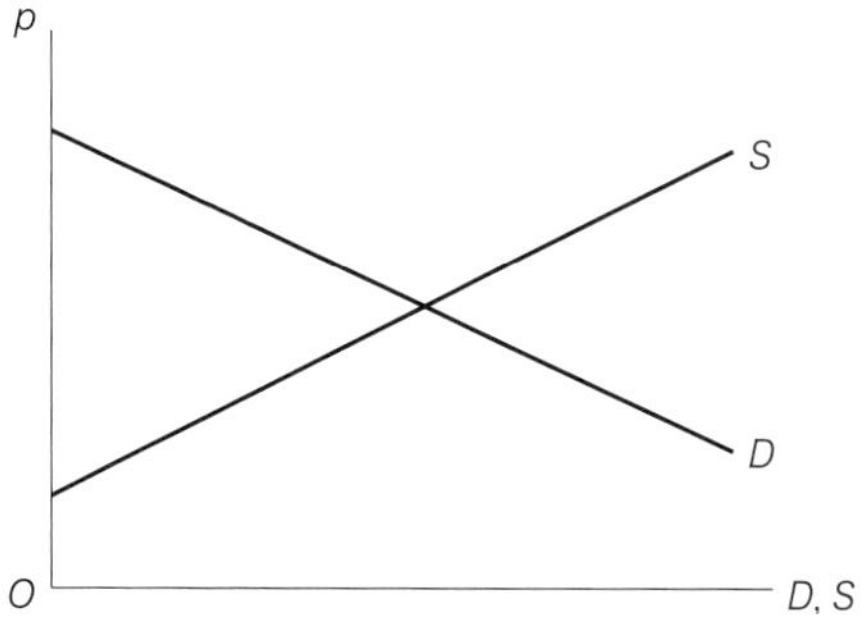

図1-2　需要曲線と供給曲線

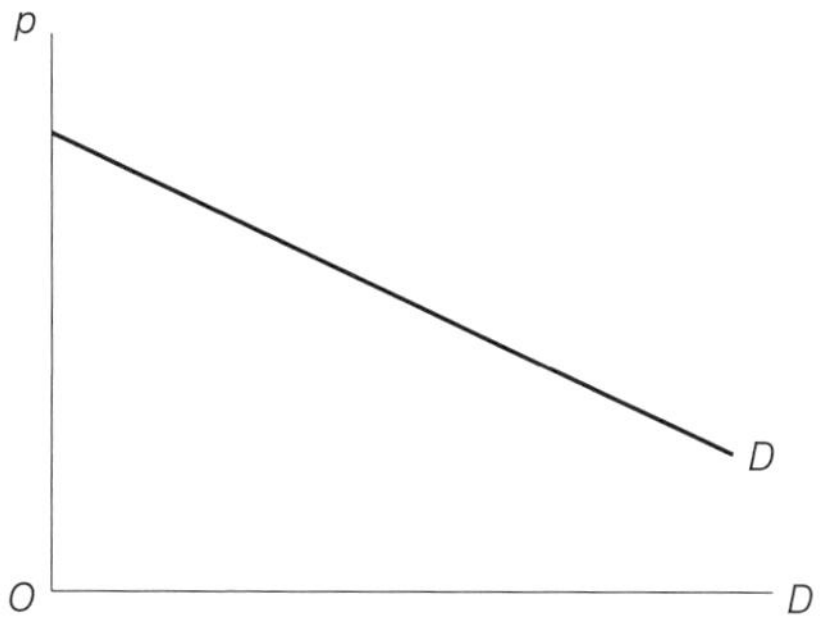

図1-3　市場の需要曲線

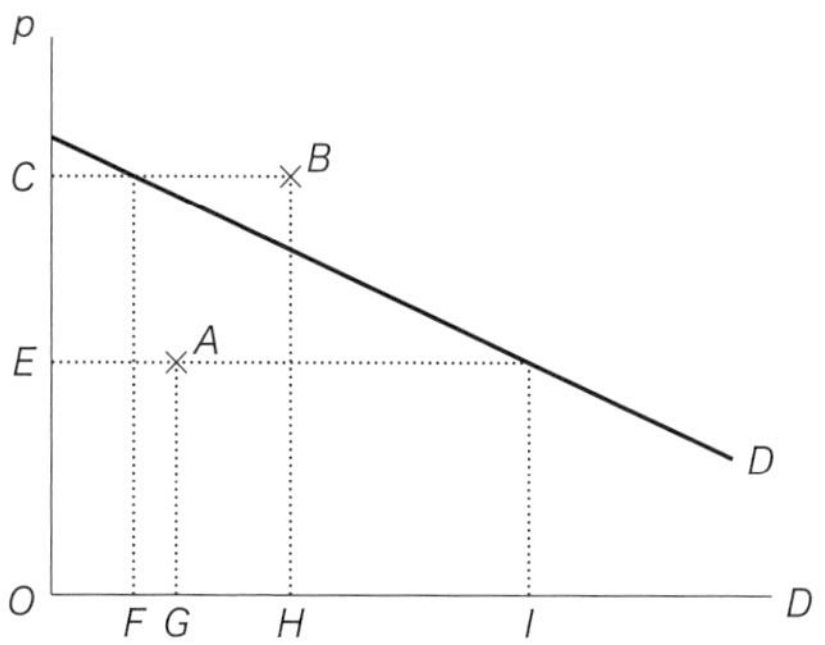

図1-4　合理的でない点

する際には何かしらのバイアス（偏見）が発生することが多く、必ずしも満足（効用）を最大化させているわけではないと考える。つまり、理論上は効用の最大化が達成される状態であっても、現実には様々なバイアス（偏見）が働き、効用が最大化するような選択はなされないというのである。

ここで図1-4の効用が最大化されていない状態である点Aと点Bを見られたい。点Aに対応する価格はEである。本来、価格Eの状態において効用を最大化させる合理的な行動をとるとしたら、購入する財の数量はOIに相当するはずである。ところが、本件における消費者はOGに相当する数量しか購入しなかったのである。

価格が安いからといって、人は必ずしも購入したい数量の財を購入するわけではない。現実には「他に買いたい人がいるのではないか」「持ち帰る際の荷物が重くなるから次に購入しよう」などのバイアスが働くのである。

一方、価格Cにおいては、合理的な行動をとる場合にはOFしか購入しないはずなのに、実際にはOHも購入してしまうような「買いすぎ状態」が発生する。これも、食べ放題でついうっかり食べすぎてしまうというような、現実にはよくあるケースである。

ここであげた例は、ほんの一部に過ぎない。社会におけるほとんどの場合、我々は従来の経済理論の通りには行動していない。それにもかかわらず、需要曲線を当然のように受け入れていた。いわば既存の経済理論は「裸の王様」なのかもしれない。権威が確立してしまっているため誰も異議を唱えられないでいるのである。

一口メモ②　バイアス

行動経済学におけるバイアスは偏見を意味するが、例えば原価で見た際に５００円の価値がある商品と７００円の価値がある同種の商品がどちらも１０００円で販売されていたとする。本来、消費者は原価７００円の商品を購入した方が満足を最大化させるが、仮に原価５００円の商品にのみ優良な広告が打ち出されていた場合、多くの人はその宣伝により原価５００円の商品を購入し、結果として満足を最大化できなくなってしまう。

2　負効率と共生

我々の実際の生活を見返す限り、また、企業の実際の行動を見ている限り、誰もが必ずしもこの費用便益計算値を厳格に見極めて行動しているわけではない。しかも、現実社会では、明らかにマイナスであると分かっていても行動するケースが少なくない。例えば、企業が新商品を開発したり新事業に乗り出したりする際には、この計算値はマイナスになることがほとんどであろう。ただし、その商品を開発したり新事業に乗り出したりすることで、後にプラス値に転じることを予想して行動する。つまり、我々の行動基準は、たとえ開始時点の便益計算値がマイナスであっても、その行動をとりながらプラスに改善していくことを織り込んでいる。プラスだったら実施する、マイナスであれば実施しないという杓子定規的な基準で行動しているわけではない。

便益計算値がマイナス（負効率）であっても、それをプラス（効率）に改善するという行動が実際には存在する。つまり、負効率を承知で開始し、実施を継続している行動が現実には多くあるということである。

「影があるからこそ、光が存在する」というヘーゲルの考え方を用いるならば、「負効率な行動があるからこそ、効率が存在する」のである。本書では哲学的な表現は避けたいが、筆者はすべての個人や企業が効率的な行動をとる社会は達成しえないと考えている。それこそ、影がなければ光もないように、負効率がなければ効率もない。

例えば、身の回りに効率的な行動ばかりをとっている人がいて、あなたはその人が困っているときに協力したいと思うだろうか。おそらくは思わないであろう。ただ、日頃から進んで周囲を助ける負効率行動に取り組んでいる人であれば、困っているときは助けたいと思うであろう。負効率な行動を進んで起こせない人は、効率には達せないであろう。

つまりは負効率な活動こそ経済社会における尊い活動であり、効率を生み出すためのタネである。短期的に考えた場合の便益計算値のマイナス（負効率）と将来的な便益計算値のプラス（効率）とは不可分の関係にあるといえる。

自分自身にとっては短期的にも長期的にも一銭も得しないような負効率な行動であっても、他人や社会全体、環境にとってはプラスかもしれない。いま現在は（短期的には）負効率な行動でも、長期的にはプラスになる可能性（期待値）を秘めているかもしれない。

負効率な価値は、形を変えて効率の価値に転じる可能性がある。負効率の積み重ねは負効率の蓄積で終わらず、どこかのタイミングで効率に切り替わることが少なくない。

そもそも現実の経済社会は従来の経済学が想定しているような、効率か負効率かのオール・オア・ナッシングの世界ではない。負効率な行動があって、初めて効率がある。

本書は、負効率な活動を効率化していく努力、負効率な活動それ自体を効率的な活動としてカウント（計上）する必要性について論じていく（むろん、短期的にも長期的にもマイナス（負効率）にしかならない行動も一部存在する可能性は否定できない。しかし、それらは「論外の活動」として本書では取り扱わない）。

3　死荷重、万歳！

近年、持続的な開発目標（ＳＤＧｓ）が取り沙汰されている。いかにしてＳＤＧｓを達成させようかと、政府や産業界だけでなく学問領域においても関心の高いテーマである。しかし、このＳＤＧｓであるが、従来の経済学の仕組みでは成り立ちえない内容となっている（あまり声高に叫ぶ人は少ないが)。

従来の経済学の先駆者であるアダム・スミスは、皆が自身の利益を利己的に追求することで社会全体が幸福になると説いた。彼の考えたメカニズムによると、自身の利益を追求することしかできない人たち(≒気持ちの弱い大勢の大衆)が富を追求することで経済効率が実現している(ここでは自己の利益しか追求できない人を「気持ちの弱い人」と否定的なニュアンスを含ませていただいた)。

一方、人は他者や社会全体を思いやる慈悲の心もそなえている。仮にスミスの理論に従い、個々人の利己的な行動で経済効率が達成されているのであれば、そこに出現する慈悲の心を持った活動は死荷重(=得られていたはずの便益の喪失分)ということになる。慈悲の心を持った活動は死荷重を発生させ、経済効率を妨げる原因になるため、なるべくなら実施しない方がいいということになる。慈悲の心よりも人間の弱さが勝り、各自が利己的に行動し経済は効率化していくという。

本書では、スミスの考えに立脚した経済学概念とは異なり、そうした慈悲の心を持った活動こそ尊いという立場をとる。今「慈悲」という言葉を使ったが、それはグローバルな社会全体に対しての思いやりと解釈する。

経済効率が働いている経済社会を見てみよう。図1-5はある市場の需要曲線と供給曲線である。右下がりが需要曲線、右上がりが供給曲線である。両者が交わっているところで実際の取引が行われている。消費者が得している分が△BCA、生産者の利益が△CEA、したがって、社会の総利益にあたる総余剰は△BEAである。図中の斜線部分が、消費者の利益(支払う準備はあったが、価格が低いために支払わなくて済んだ分）と生産者の利益の合計の社会的な利潤である。ここで経済学的な用語を使うと、利潤は余剰と表現される。

なお、この図1-5において、消費者は効用を最大化させ、生産者も利潤を最大化させている。

一方、漁業において資源の枯渇が懸念される場合、漁業者や政府、そして消費者も漁獲量をFではなくそれ未満にセーブした方がよいと考える。これは現代的な慈悲（思いやり）である。政府がこのように国民に配慮して、（点Aの均衡点ではもっと安く買えるにもかかわらず）生産量をF未満に抑

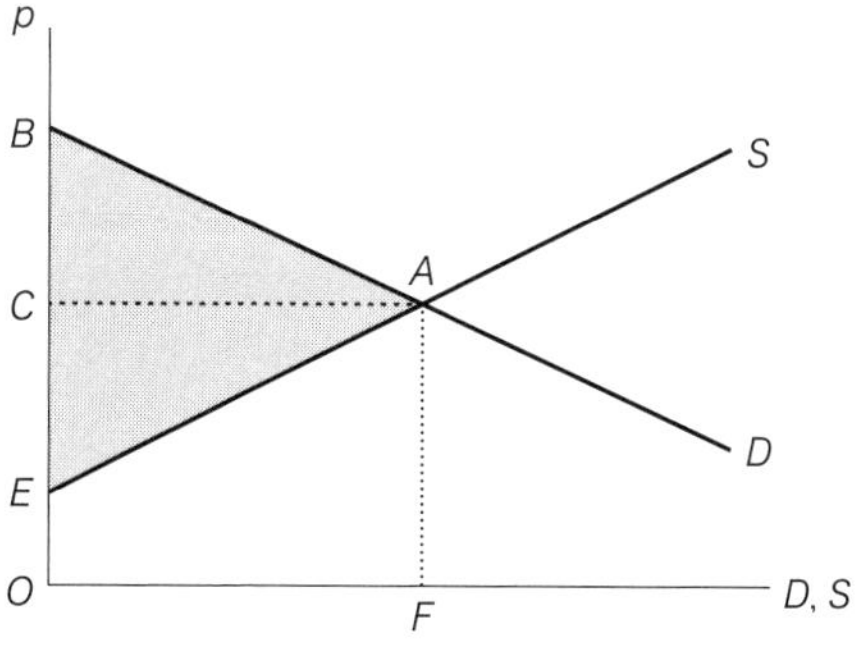

図１-５　社会的余剰

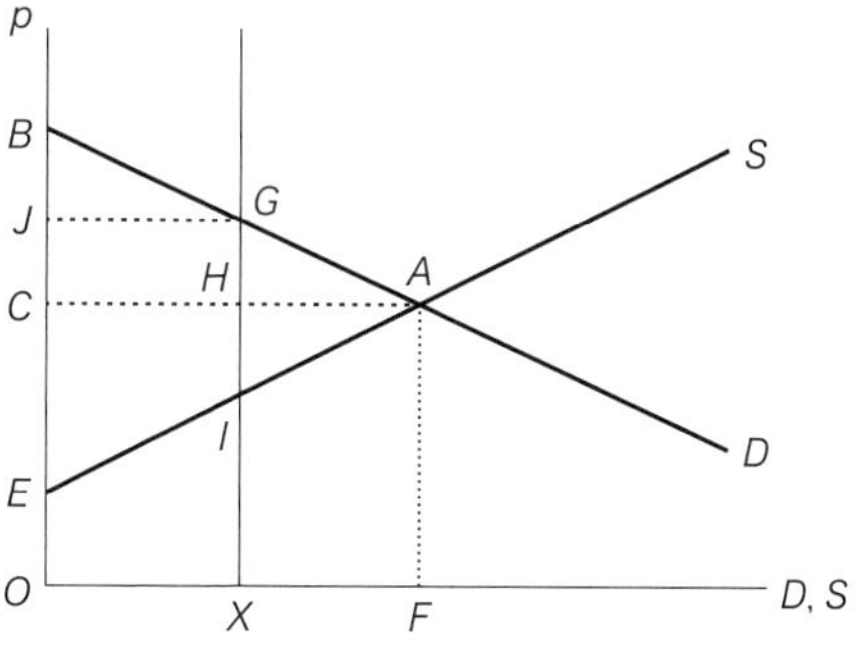

図１-６　数量規制

制する仕組みをつくったとしよう（図1-6）。

政府によって数量がXに規制されると、X以上（Xより右側の領域）では生産も消費も行われない。規制数量のめいっぱいの供給を行うとしても、財の供給量は図1-5のときよりも減ったXとなる。消費量もXとなる。そして、取引価格はJとなる。

需給量がXのとき、消費者余剰は△BJGに減る。他方、生産者余剰も□$JEIG$に変化する（これは必ずしも減少するとは限らない）。それらの合計である社会的総余剰は□$BEIG$となり確実に減少する。

図1-6の社会的総余剰すなわち社会的な利益は図1-5よりも面積が小さくなっているのが分かる。従来の経済学においては、この大きさは社会の損失（＝死荷重）と考えられてきた。

規制がないときと比べて、消費者も生産者もこの大きさの分だけ損をしている。この図1-6と図1-5を比較した場合に減少した面積を死荷重と呼ぶ。「死」という言葉で分かるように、従来の経済学では効率的ではない部分の解釈として否定的な意味を含めている。アダム・スミスが効率性を重視する従来の経済学を創始して以降、死荷重は長く害とされてきた。

しかし、死荷重が害であることに筆者は異論を唱えたい。逆に考えれば、この死荷重の大きさこそが、例えば海洋環境など人間社会以外のものを守った大きさと考えられるからである。

本書では、死荷重が大きければ大きいほど、人間社会以外の何か（something）に貢献した度合いが大きくなると解釈する。政府は規制を実施することにより、この死荷重に相当する何かを守ったのである。

環境保全に対する世界の意識は１９９２年の国連環境開発会議（地球サミット）を契機に高まり続けている。ここで死荷重を環境保全という言葉に置き換えたら、環境に配慮した結果、この死荷重の大きさ相当の環境が保全された、あるいは改善されたと表現することができる。これまで経済学で悪とされ、害と見なされてきた死荷重（負効率）こそ、いま求められているコンシダレイト（思いやり）の大きさにほかならない。

前置きが長くなってしまったが、持続的な開発目標（ＳＤＧｓ）の世界を実現させるためには、従来の経済学における死荷重の概念を再評価すべきであろう。この死荷重こそがＳＤＧｓを目指すにあたっての最大の効用と考えられる。そして、これまで敵視されてきた負効率こそ、死荷重を生み出す要因であり、ＳＤＧｓ社会にとってのプラスといえる。筆者は、社会での思いやり（コンシダレイト）を重視し、「死荷重万歳！　負効率万歳！」という立場をとる。

注

＊１　通常、経済学における効率的な状態というのは「皆ができるだけ満足のいく資源配分が達成されている状態（＝パレート最適の状態）」を指す。これも本書で考える効率性の概念のひとつである。

第2章　負効率は努力するエネルギー

――夢はほとんど実現しない

1　「ほとんど実現しない」という負効率が現実

(1)　それでも人は努力する

「夢は実現する」という言葉は、小説、詩、音楽の歌詞などの形で世界中に溢れている。小学校や中学校などの子どもに聞かせる講演において、「夢は必ず実現する」というテーマはもはや定番といって過言ではない。演台には成功者が立ち、夢を追い続けること、そして努力し続けることの重要性を説き、最後に「夢は必ず実現する」などと述べて締める。

純粋な小学生や中学生であったならば、それら成功者の話を聞いて「自分も頑張ろう！　夢は叶う！」と思うかもしれない。しかし、年月を経て人生経験を積むうちに「そりゃ、成功したから言えるんでしょ!」と言いたくなる。「夢は必ず実現する」の演目が決して社会人を対象にした講演で使われないのは故あることなのかもしれない。

そう、大半の人にとって夢は実現しないものである。例えば大学受験や高校受験で考えてみよう。夢に見た大学、学部、つまりは第一志望に行ける人は一握りである。多くの人は、合格する可能性は持ちつつも、そのひとつ手前の大学に入学しているのではなかろうか。「オリンピック出場は確実」「プロ入りは確実」と言われながら、その一歩手前で夢が叶わなかった人を筆者は多く見てきた。

あえて言うほどのことではないが、志高い夢ほど実現確率は落ちる。夢が実現する確率は、印をつけて遠くへ放り投げた小石を砂浜で見つける確率と同じほど小さい場合もある。当たり前のようにテレビに登場する成功者も、何百人、何千人、何万人がエントリーするオーディションで選ばれたひとりなのである。それこそ針の穴をかいくぐるような至難の業を成し遂げた人といえる。「実現可能性の高いところに夢を設定すればいいではないか?」という反論が聞こえてきそうであるが、通常、「夢」とは実現が難しいからこそ夢であるという解釈がなされる。

夢の実現と対称にあるのが失敗や挫折であろう。人生は失敗や挫折の連続である。高ければ高いほど夢は実現しない。高校や大学の入学者の多くが、その学校を滑り止めとして受験した学生であることは、先に述べた通りである。競争社会は夢を実現できた一部の人と夢を実現できなかった多くの人たちに、人々を分類してしまう。つまりは夢を実現させた少数の人と夢を実現させられなかった大多数の人で社会は構成されている。

このように夢の実現において格差があるにもかかわらず大半の人が腐らずに社会が成り立ちうるのは、事前に情報（夢の実現の難易度）がしっかりしているからである。

事前情報があり、それが共通して認識されていれば覚悟ができる。例えば受験では、事前の模擬試験で自分の合格確率が分かる。スポーツにおいても日頃の成績から自分の立ち位置が分かる。芸能界ではオーディションの倍率から難しさを想像することができる。このように事前情報が行き渡っているので、事前に自分の評価（夢の実現確率）を見積もることができ、夢に挫折した場合に備えて覚悟しておくことができる。そのため、大半の人は覚悟ができていて夢の失敗に耐えられるのである（厳しい表現になってしまうが、挫折に耐えられないとしたら、その人は夢の実現確率の計算を誤り、覚悟が足りていなかったということであろう）。

(2)　経済理論的な説明――夢資源は希少

「夢は実現しにくい」ということを経済学的に考えてみよう。ここで「夢の実現」をひとつの財と仮定して、それを得ることで効用が最大化されるとする。しかし、これまで見てきたように「夢の実現」は難しく、言い換えれば、極めて希少性の高い財ということができる。

まずは自分自身が人生のうちに実現しうる事象（夢に限らない様々な成功など）の供給曲線Sを考えたい。縦軸に自分にとってのその事象（出来事の成功）の価値、横軸に将来実現しうる事象の数をとる。自分にとって価値の高いものから順に並べていくと図2-1のような右下がりの曲線が描ける。

ここで実現の難しいライン（境界）をAと設定する。Aの左側は自分にとって価値は高いが、社会との兼ね合いで実現が困難な事象（＝夢）となる。

さて、ここで筆者から留意点を述べたい。図2-1の見方についてである。

第一は、ラインAの右側を大切にする意識を持つことである。これは経済学上の指摘であるのと同時に、よりよく人生を過ごすための教訓ともいえるかもしれない。ラインAの右側に行くほど実現が容易であり、見方を誤ると価値が低いものと解釈してしまうかもしれない。しかし、これはあくまでも「社会において実現が容易」という意味であり、価値の優劣と結びつくものではない。ラインAの左側を実現する以上の価値が、ラインAの右側にはあるかもしれない。しかし、人はそのことを忘れ、実現が困難であれば困難なほど高い価値を置く傾向がある。

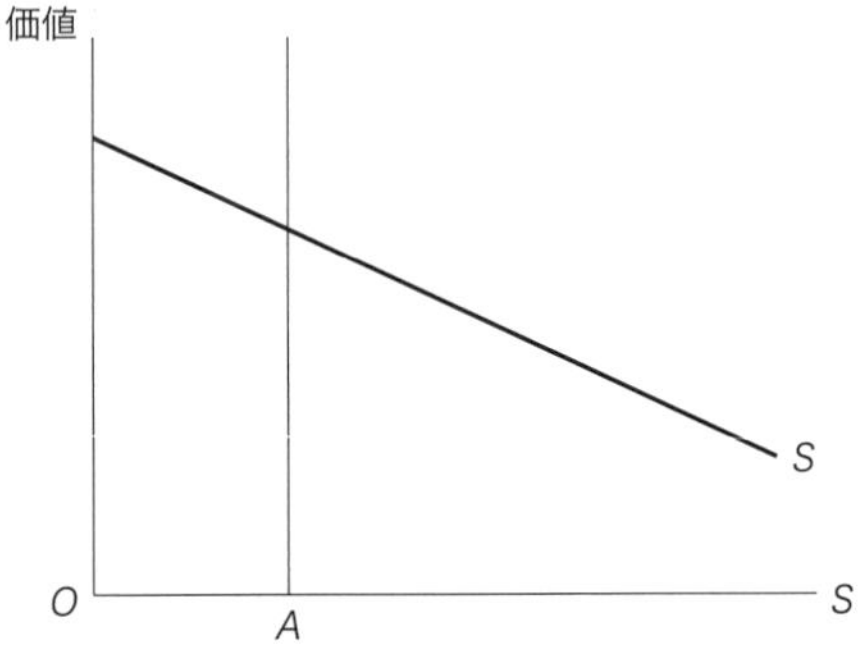

図2-1　実現しうる事象（夢に限らない様々な成功など）の供給曲線

例えば、筋肉トレーニングをする場合、細身の人ほど筋肉質のガッチリした体型に憧れ、ガッチリとした体型の人ほど細身の体型に憧れるという。「隣の芝は青く見える」というが、人は自分にないものに憧れる心理があり、それが本来の価値を歪めてしまっていることがある。

そのため、繰り返しになるが、ラインAの右側を大切にするよう考えるのがよい。そのなかにこそ、宝物と呼べるほどに価値のあるものがたくさんあるはずである。

第二は、ラインAの位置は固定的ではないということである。社会情勢や時代によって頻繁に変わるし、自分の年齢によっても変わってくる。

毎朝散歩するのは現役世代では当たり前だとしても、年齢を重ねるごとに辛くなっていき、やがては「夢の実現」に位置することもある。さらに年齢を重ねると、健康でいることが「夢の実現」に位置するかもしれない。このときにラインAは右にシフトすると考える。また、現在は就業するのが難しく「夢の実現」ともいえるような花形の職業が、将来的には人気が落ちて容易に就業できるようになっているかもしれない。つまり、ラインAは可変的であり、内的・外的な要因を受けながら常に変動しているのである。

一口メモ③　夢とは――筆者の所感

努力をいくらしても夢は実現しない。努力だけで夢が実現するのであれば、もっと多くの人が夢を実現しているであろう。そんな安易なものでは決してない。ただ、何よりも大切なことは、無理だからといって努力するのを諦めないことだ。難しいと分かっていても、挑戦して、壁を乗り越えようとしていくことに価値がある。

ただ、挑戦するにあたり重要なことがある。それは、仮にうまくいかなくても「ダメだった」という結果だけ見て自分自身をつぶしたり、家族や友人をつぶしたりしてはいけないということだ。この「つぶさない」という約束は夢を実現させるための必要条件である。しかし、夢を実現するための必要十分条件（＝それをやれば必ず実現する条件）が存在しないことは、夢が夢であり続ける所以かもしれない。

一口メモ④　覚悟の難しい挫折――目前で叶わなかった球児の夢

2022年春の第94回選抜高校野球大会の選考において、出場枠2の東海地区では、前年秋に東海大会で準優勝した聖隷クリストファー高校（静岡県）が選ばれなかった。そして、代わりにベスト4だった他の高校が選ばれたという。前年東海大会の決勝進出校が順当に選出されなかったのは44年ぶりという。以下は監督が選手たちにかけた言葉の一部である。

「連絡を待っていたが、残念ながら来ませんでした。選ばれるものだと思っていましたが……」。

当然選ばれるものと待っていた高校生たちは愕然としたであろう。世間からも「当確」が出されていた。覚悟していれば挫折は耐えられると先に説明したが、これは覚悟のないところに降りかかった挫折であり、非常に気の毒な話である。

記事の最後は「44年ぶりの悲劇を今夏の歓喜に変えるために、聖隷クリストファーナインは再び歩み出す」と締められている。[*1]

選考理由が明確でないとのことで高野連（日本高等学校野球連盟）は多方面から批判されている。逆転に継ぐ逆転の試合を繰り返し、夢を掴んだはずが、その夢がするっと手から抜け落ちてしまった。指導者や選手たちは次を目指して前向きになるしかないが、納得はいかないであろう。

一口メモ⑤　夢を持たせないリスクヘッジ――棋士の才能はいずこへ？

筆者（土居）には面白い経験がある。筆者は若い頃、将棋や囲碁などの棋士の才能を中途半端に発揮したために、その方面への関心を持つことを両親に禁止されたのである。これは図2-1のラインAの左側へ関心を向けさせず、右側に誘導する策であったといえる。

筆者の父は日本将棋連盟の奨励会の元会員であり、その他の親族も囲碁や将棋などにおいてプロになる手前で挫折する経験を持っている。彼らは人生の大半をいわゆるプロ棋士になるために費やしており、挫折した後には何も残らなかったという。「間違って棋士の道に進まなければ、もっと様々な経験を積めるだろう」というのが、筆者を棋士の道から遠ざけた理由であった。

16歳の頃、気まぐれにオンラインの将棋ゲームに向き合った際、突然、相手が次にどう駒を動かすかが見えるようになった。しかし、それを知った父は「危ない」と評価し、遊びであっても将棋から距離を置くことになった（なお、今や筆者は駒の動かし方すら覚えているかどうか怪しい）。

そのおかげで図2-1のラインAの左側を目指すことなく、右側を大事に考えることができたのかもしれない。この過去が幸か不幸か分からないが、大学に通うことができ、社会人として生活し、このような執筆を行うことができている。

興味を持たせないことは夢の挫折に対するリスクヘッジのひとつになる。

2　マイナスエネルギーのプラス化

実現確率の低い事象（＝夢）を実現した人よりも、夢を実現できなかった人の方が多いのは、これまで説明してきた通りである。オリンピックの金メダルはひとつだけ、難関試験の合格枠などは一定である。甲子園に出場できる高校はわずか数十校に過ぎず、司法試験や公認会計士などの難関試験も何倍もの倍率であり、ほとんどの人が合格できずに終わってしまう。

前向きに挑戦し合格を勝ち取ることをよしとする社会は、失敗した人たちに十分に目を向けようとしない。社会は夢の実現者ではなく、いわば挫折者から成り立っているという現実を無視している。テレビでは毎日のように悲惨な事件がニュースとして報道されるが、親の期待に応えられなかった子どもがヤケを起こして事件にまで発展している例も少なくない。親が子に期待することは悪いこととはいえないが、過度な期待を押し付けることは、過度な挫折を味わわせることにつながるということを理解しなければならない。夢を達成できなかった、あるいは親からの期待に応えられなかったという失意を持つ人たちは数多い。健康を害してしまうケースもある。夢破れて引きこもりを続けるという問題も起きている。おそらく読者の皆さんの身近でもよく聞く話であろう。日本全体で失意の人はどれだけいるのだろうか。

ここでは、失意のようなマイナスのエネルギーをプラスのエネルギーに変えられないかという視点に立ちたい。膨大なプラスのエネルギーを創り出し、日本社会にプラスの効用を与えるようにしたい。負効率エネルギーが日本社会をよい方向に進ませられる力となりうるのではないかと考えたい。

オーストリアの精神科医で心理学者のジークムント・フロイト（精神分析の創始者）は、心のなかにある無意識の領域を重要視した（フロイト　１９７７）。そして、夢の挫折のような精神的ストレスを受けた場合に、心は無意識に「防衛機能」を働かせることを明らかにした。そのなかには補償（劣等感を他の得意な分野で補おうとする心の動き）や昇華（挫折した体験をバネにして他の夢の実現に向けて大きく努力する心の動き）のような、マイナスエネルギーを明確にプラスのエネルギーに変えるものがある。本書は、経済学の視点から、夢の挫折を補償や昇華に向かわせるためのガイドブックでもある。

例えば、筆者（土居）は人と会話をするのがあまり得意ではない。思っていること、考えていることをうまく言葉にできず誤解されてきた。それが補償や昇華につながり「文章を書きたい」という心の動き（欲求）に結びついて今がある。

3　夢との向き合い方

(1)　柔軟に夢を追う

これまで夢の挫折で落ち込むのはマイナスであることを繰り返し示唆してきた。しかし、一度たりとも「夢の実現に向けて頑張る」ことを否定していない。夢の挫折で落ち込むのであれば、初めから高い目標を掲げなければいい、夢など持たなければいいという発想に落ち着いてしまうかもしれない。しかし、もし本当にそうなってしまったら、社会の発展など望めないし、ひとりの人間という視点に立って考えた場合も実りのないツマラナイ人生になってしまうかもしれない。そう、挑戦のない人生は、それはそれでツマラナイのである。

筆者は夢を持つことを肯定する。しかし、夢に挫折したときに落ち込み続けてしまうことは否定したい。これを読んで、めちゃくちゃな話をしていると感じた読者も少なくないであろう。ここで筆者が言いたいのは「柔軟に夢を追う」ということである。

「柔軟に夢を追う」ということは、夢に柔軟性を持たせることである。それはどういうことか。俗にいわれている「夢」というのは、①「固定された」、②「ひとつ」の、③「実現が困難な目標」

を指すことが多い。

この③「実現が困難な目標」であることは夢の基本定義であり、実現が容易な目標をそう呼ぶことには違和感があろう。ここで着目したいのは、①「固定された」と②「ひとつ」という点である。これら①と②は、ただでさえ実現が難しい目標のハードルをさらに高めているといえよう。

例えば、会社などは社会の状況変化に合わせて経営目標を柔軟に変えている。会社の初期に掲げた目標（＝設立目的）を、柔軟に形を変えながら目指し、そのつど設けた目標に向けて駒を進めている。そして、長い年月を経て初期の目標を遂げることもあれば、新たに掲げた目標に至ることもある。また、残念ながら目標の半ばで解散してしまう法人もある。

仮に、会社が社会の状況を考えずに、初期の目標のみに固執して、目標をいっさい変えずに活動していたならば、その会社は社会変化に対応できず、すぐに市場から姿を消すであろう。柔軟に目標を変化させてきたからこそ成功を掴み取っている企業は少なくない。例えば、菓子メーカーの株式会社ロッテは設立当初、石鹸やポマードを製造・販売する企業であったし、ケンタッキーフライドチキンのＫＦＣコーポレーションはガソリンスタンド、化粧品・健康食品メーカーの株式会社ＤＨＣは翻訳業務を担う会社だった。[*2]

個人の夢は会社設立の初期目標に近いものがあろう。会社は利潤を得つつ、長い年月を費やして目標への到達を目指す。その会社ですら目標を柔軟に変えているのである。仮に個人が、社会状況の変化に対応せずに、同じ目標に数年、数十年かけても、しかも実現確率の低い目標ならばなおさら、その実現は厳しいと考えるのが自然であろう。

夢は臨機応変に変えていくべきである。長期にわたって目指す夢であればあるほど、決して固定化させるべきでない。自分の達成度や周囲の状況を見つめて、柔軟に変化させることが重要である。なお、会社において経営目標を柔軟に変化させられる能力が経営者の度量とするならば、個人においても夢を柔軟に変化させる能力は度量といえるであろう。ひとつの目標に意固地になることは、必ずしも褒められることではない。

(2) 夢はたくさん持とう

日本では30歳までは定職に就かずに夢を追うことを奨励する文化があるが、30歳を過ぎると定職に就いていないことへの視線が急に厳しくなる。これは筆者の知人の言葉（体験談）であるが、「夢を追う」ことのリスクを的確に表現している。

10代、20代のうちは、夢を追うことは素晴らしいことと教育し、アルバイトをしつつ夢を追うような人を応援する。しかし、30歳を境に状況が変わるのである。友人はそれを「夢を追うことには期限がある」と表現していた。もちろん「夢の期限」は持つ夢によって様々である。

これまで夢とはうまく付き合うべきということを繰り返し述べてきた。しかし、付き合いがうまくいかないときもある。付き合いを変容させたり断ち切ったりするには、勇気も必要になる。スポーツが得意で、あと一歩でプロになれるという人ほど、定職に就かずにプロを目指し続けてしまうようなこともある。スポーツでプロを目指すのは並大抵の努力では済まない。その努力を他の分野に向けたならば、きっと多くのことを成し遂げられたであろう。

夢に対して柔軟になることは、ときに勇気を伴うのである。しかし、夢はひとつに絞らなければならないなどという馬鹿げたルールはない。また、夢を途中で変えてはいけないというルールもない。夢を持つことにルールはない。だから「夢は実現する」や「夢の実現に向けて真っ直ぐ努力しなければならない」という拘束に縛られる必要はない。曲がりくねった道でも構わないし、偶然にたどりついた夢を「本当の夢」と解釈しても構わない。夢という名の呪縛から解き放たれ、自由になることが最も大切なのである。

筆者は何十個、何百個の夢を常に持ち歩いている。そのうちのいくつが叶い、いくつが叶わなかったであろうか、もはや数え切れない。夢に対して優柔不断と批判されるかもしれないが、それを後悔したことは一度もない。無数の夢を持ち、ひとつがダメでも他の夢に向かって進路をスライドさせるスライド方式、あるいは同時達成を目指す方式なども提唱したい。

(3)　ダメ元という気持ちを大切にしよう

ダメで元々だから挑戦しよう

先に述べた通り、筆者らも夢破れた経験は数え切れないほどある。近年は「実現確率は低いけれど挑戦してみたいこと」を夢と呼ばずに「ダメ元」と呼ぶようにしている。

不思議なことに、このダメ元が達成される確率が、想像以上に高いのである。「ダメで元々だから思い切ってやってみよう」という気持ちが功を奏するのかもしれない。

2020年4月から21年3月にかけて、筆者らは17件ものダメ元のアクションを起こした。そして、そのうちなんと12件が実現したのである。成功率にすると71％であり、ダメ元だったという事実を疑いたくなるくらいである。しかも、実現確率が低いと考えていた内容だけに、叶ったときの歓びはひときわ大きい。

具体例をいくつか紹介すると、例えば地方新聞に自身の執筆した書籍の書評を書いていただこうとトライしたところ、5件中4件から快諾をいただいた。現役大臣に公式HPの「お問い合わせ」からお願いしたら、大臣が我々の本を読んでコメントをくださった（本の帯に掲載させていただいた）。また、筆者らの原稿を書籍化する計画に至っては、5件中3件が実現する運びとなった。むろん、筆者らは日頃から原稿を執筆することを心がけ、またお願いしても断られることがあると覚悟している。それなりの努力と覚悟を持って臨んでいるが、最後の最後にダメ元のトライが嬉しい知らせを運んでくれた。その確率は想像以上に高いものであった。

遠回りの効用[*3]

カーティス・フェイスの2007年の著書『伝説のトレーダー集団――タートル流投資の魔術』でも触れられているように、人間はよく目標に向かって近道をしようとする。行動経済学ではヒューリスティックといい、先入観や経験に基づき効率的に目標を達成しようとする。人間は「近道を選択」しがちである。しかし実のところ、近道がかえって遠回りであったり、目標達成の成功率を下げたりすることも少なくない。あれもこれも近道をしようとして上手くいくわけがなく、逆に立ち止まらざるをえない事態に遭遇してしまう。

一般的に「高い夢をひとつ持つことが素晴らしい」といわれてきた。これは、夢への最短ルート（近道）を奨励していると言い換えられよう。目標に向かって一直線などというと聞こえはよいが、その目標が達成されなかったとき下手をすると何も残らなくなってしまう。ここで筆者が主張したいことは、夢をまったく持つなということではなく、実現可能な目標を大小いくつも設定することにより、近道をせず亀のように一歩一歩進んでいくべきだということである。最終目標の手前にあった目標の方が、人生をより豊かにするかもしれない。

筆者（土居）は大学で講義を聴いていた頃、常にオリジナルの参考書を執筆するつもりで勉強していた。経済学の講義を聴いては、そこで得た知識を用いて独自の参考書を執筆していた。経済学の知識を「暗記する」（＝試験で点数をとる）という点においては遠回りだが、内容を理解するという点では有意義であったと考えている。そして、原稿を執筆するつもりで学習していると、より多くのことが知りたくなり、ある時期に理解がグッと深まる。なお、当時執筆した原稿を後に加筆修正して出版した書籍に『余剰分析の経済学』（水野・土居・宮下　２０１８）がある。[*4]

確かに、高い目標を達成することは人生を豊かにするかもしれない。しかし、そこへの達成の仕方も重要なのである。あえて遠回りをする。経済学的に見たら負効率な行動を選択した結果、人生の長期的効率が上がるということも少なくない。

ダメ元と考えることで心にゆとりを持とう

ダメ元という気持ちで挑戦することのメリットは、何より失敗した際の精神的ショックが小さいことであろう。失敗しても挫けないことは、まさに夢を追う際の鉄則といっても過言ではない。ダメ元という言葉には、きっと達成できないであろうというニュアンスが多分に含まれている。そのため、失敗しても何らショックを受けることなく耐えられる。

ダメ元という考え方を味方につけると頼もしい。皆さんもダメ元を列挙して挑んでみてはいかがであろうか。そのうちの1〜3割が実現すれば十分である。意外にも、実践してみると実現確率が高いことに気づく。「夢」といわずに「ダメ元」と表現するだけで挑戦できる分実現確率が多少なり高くなるのは不思議議である。

むろん、ここでダメ元に適合する内容とそうでない内容があるのは、いうまでもない。これについては皆さんの過去の経験から判断いただきたい。ダメ元といえるには、ダメ元と呼ぶに至れるだけの努力が必須のこともある。他方、男女の恋愛において「ダメ元で告白する」のは意外にも成功の確率が高い例のひとつかもしれない。

ダメ元をたくさん抱けば抱くほど、ある種の挑戦が増える。それは安易な「近道」を遮り、人生に真の効率性をもたらすことにつながるかもしれない。

夢と教育

「夢を実現できなかったから」といって挫折してしまう人をたくさん生み出すのは、経済的な損失である。受験で第一志望校に落ちても成功している人は山ほどいる。医学部などの志望学部に入らなくても成功している人はいる。芸能人のオーディションに落ちたからといって人生が失敗するものでもない。ひとつの失敗や挫折で苦しみ続けてしまうことは、その人自身にとっても、経済社会にとっても損失である。ましてや、自殺など経済社会の大損失である。

小学校や中学校の義務教育、高校、そして大学の教育で、無理だと思うことに果敢に挑戦することを奨励するのはよい。ただし、それが実現しなかった際に緩衝材の役割を果たすダメ元の教育も必要であろう。しかもダメ元は増やせば増やすほど、思いもよらぬ形でどんどん実現していく。失敗を恐れずに次から次に目標を立てて挑んでいけば、自然と遠回りもするようになる。小さな目標が多ければ多いほど、遠回りせざるをえない。

遠回りをすれば、自動化（＝考えないで勝手に行動できる）という効率性を捨象し、あえて考慮しながら行動するという負効率の機会を得る。負効率な道を通ることは、実は実現確率を高める。多くのダメ元にトライする機会を得ることで、多くの夢を叶えられるかもしれない。遠回りをできる人材を育てていくことが経済社会にとってプラスとなる。

何が起きるか予想がつかない今後の経済社会のためには、数々の夢を持てる人材、夢が叶わなくても負効率な道を歩める人材の育成が求められるのではないか。

(4) 経済理論的な説明——夢の需要と供給

Aより右を大切にしよう

図2-2は夢市場である。縦軸が夢の価値、横軸が夢の数である。右に行くほど本人にとっては価値の低い夢(=実現確率の高い夢)が数多く並ぶことになる。

しかし、現状の夢市場においては、需要曲線DはA(本人が夢と定義するライン)よりも左側の領域にしか存在しないことになる。夢を実現できる定員・数・当選確率などが限られているため、需要曲線DはAの左側の領域でしか存在できなくなってしまう。

しかし、ここでAよりも右側の領域に目を向けられたならば、需要曲線D'や需要曲線D''などを見出すことができるようになる(図2-3)。

Aの左の領域において夢(目標)を複数設置し、さらに図2-3における点Bや点CのようにAの右側の領域においても夢(目標)を複数設定することができれば、夢の実現可能性は大きく高まるといえる。

夢市場と社会

夢は供給が少ないから「夢」となる。上に登場した夢の市場を見る限り、人々がどうあがいても左端の限られた数量しか夢は供給されない。これが社会の仕組みであるといっても過言ではない。

図2-4は社会の夢の需要と供給を表している。Dは社会の人たちの夢Aへの需要、D'は夢Bへ

の需要、D''は夢Cへの需要としよう。夢への需要は、Dのように多いものであろうが、D'やD''のように少ないものであろうが、夢の数以上に多く存在する。供給曲線と需要曲線の交点では、いずれも限られた夢の提供量（とりあえず分かりやすくするために夢A、B、Cとも同じ実現量とする）しか得られない。つまり、すべての人々のすべての夢が叶うわけは当然ないのである。

本章で提案したのは、社会の供給曲線Sが限られた数量のものであるならば、様々な夢の需要曲

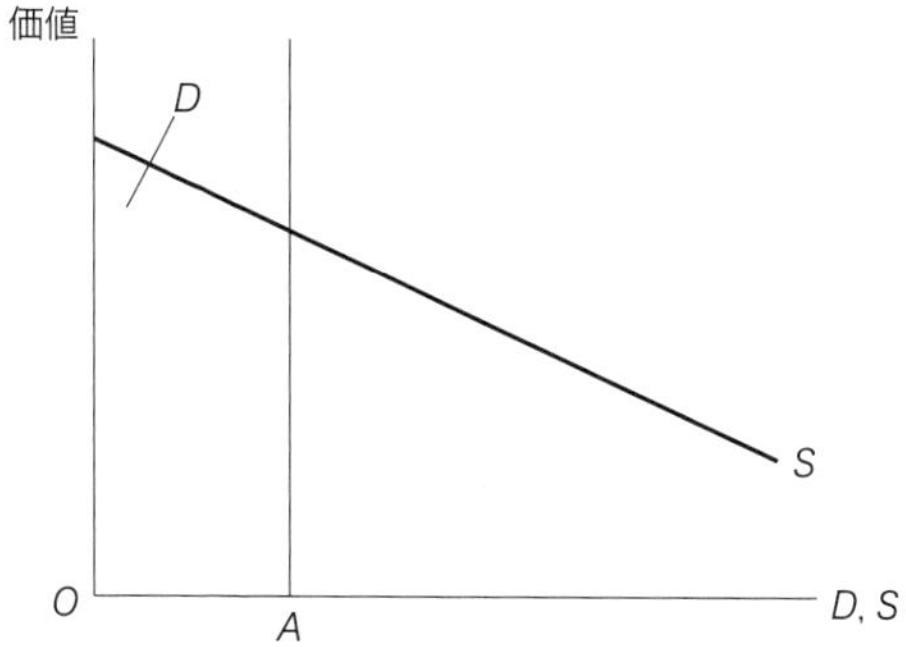

図2-2　夢市場

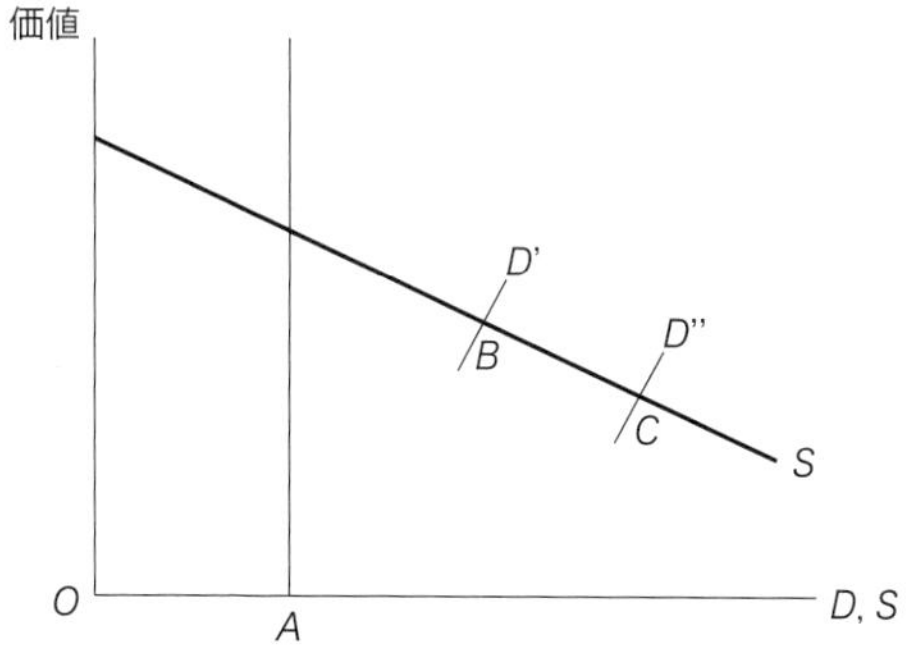

図2-3　夢を広げたときの夢市場

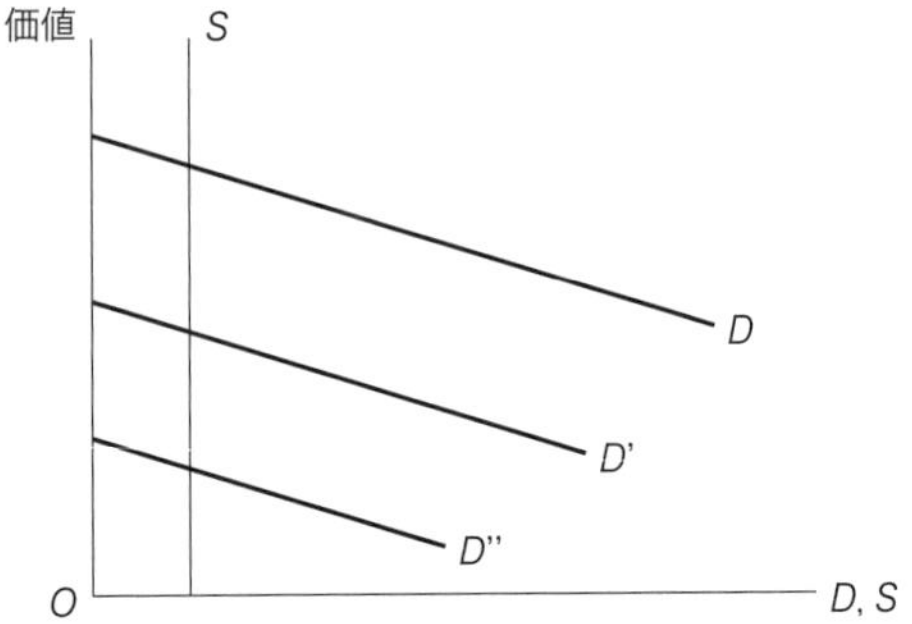

図2－4　社会の夢の需要と供給

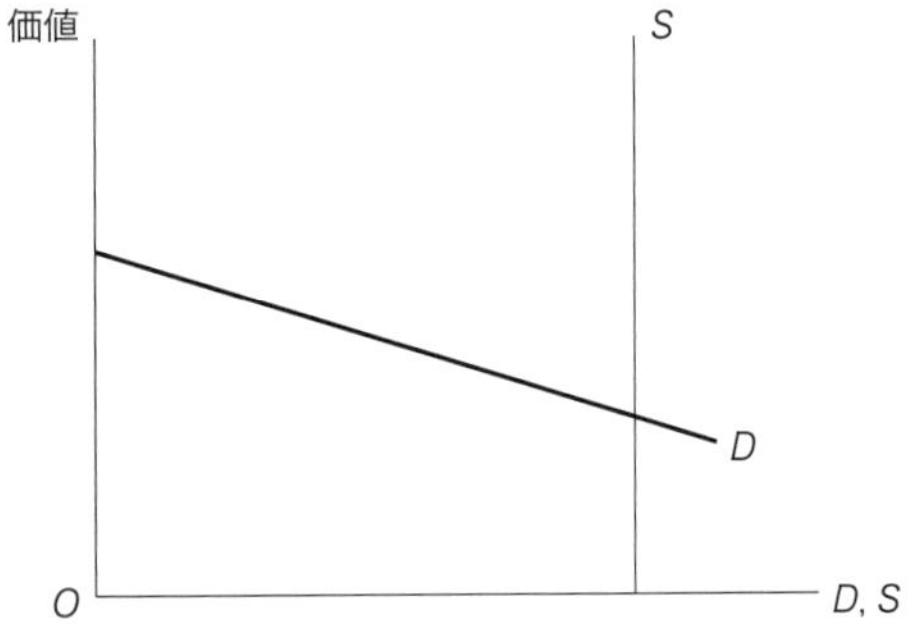

図2－5　供給が多い夢の場合の需要と供給

線と供給曲線を持つのがよいということである。例えば、社会では夢の範疇でない（=実現可能性が高い）と思われても、それが「自分の夢である」と主張すれば供給曲線は右にシフトする。図2－5のように実現量が大幅に増える。社会的評価の高低に惑わされないことが大切なのである。

注

＊１　「無念のセンバツ落選　聖隷クリストファー上村監督『選ばれるものだと思っていましたが……』」『スポニチアネックス』２０２２年1月28日、スポーツニッポン新聞社、https://www.sponichi.co.jp/baseball/news/2022/01/28/kiji/20220128s00001002422000c.html（２０２２年12月31日閲覧）。

＊２　「創業当時の事業に驚く有名企業ランキング　1位から9位」『ｇｏｏランキング』２０１９年4月17日、https://ranking.goo.ne.jp/column/5697/ranking/51787/（２０２２年12月31日閲覧）。

＊３　以下を参考に執筆した。「最短で夢を実現させる方法」『One's Success in Peace』http://nakusou.zatunen.com/koudoukeizaigakunogenri.html、「最短で夢を実現させる方法——行動経済学の原理から抜け出せ！」『ＪＯＴＯ』http://joto.info/success/behavioural-economics/（いずれも２０２２年12月31日閲覧）。

＊４　そのときの大学教員が水野である。

参考文献

フェイス、カーティス　２００７『伝説のトレーダー集団——タートル流投資の魔術』飯尾博信・常盤洋一監修、楡井浩一訳、徳間書店。

フロイト　１９７７『精神分析入門　上』高橋義孝・下坂幸三訳、新潮文庫。

水野勝之・土居拓務・宮下春樹　２０１８『余剰分析の経済学』中央経済社。

第3章　企業経営の夢

――ベンチャーと老舗はどちらが負効率か

1　日本の企業も少子高齢化

20世紀終盤から21世紀の今日までの間にアメリカではＧＡＦＡが生まれ、今もグローバル社会を席巻している。中国でもファーウェイなどの企業が生まれ、アメリカが神経をとがらせている。グローバルな市場で活躍するＩＣＴ企業が世界各国で次々と誕生している。

アメリカ企業はＧＡＦＡのような新興企業だけでなく、マクドナルドなど20世紀後半に登場した企業も現役で世界を舞台に活躍している。企業を擬人化して表現すると、アメリカの企業は高齢企業も若者企業も同じように世界で大活躍しているのである。

他方、日本企業を見ると、海外のようにICTやシステムを開発してグローバルで活躍する新企業が見あたらない。雨後のタケノコのように次々と企業が生まれてきても、いつの間にか消えてしまったり縮小してしまったりしている。設立10年以内に評価額10億ドルを超える未上場のベンチャー企業をユニコーン企業と呼ぶが、日本はベンチャーキャピタルの出資額が少ないためユニコーン企業の輩出が少なく、いろはに投資によると、2022年10月ではわずか12社にとどまっている。[*1] ユニコーン企業になることが経営目的ではないが、世界屈指の技術力を持つ日本が、なぜこのように冴えないのであろうか。

これを「企業の少子高齢化」と説明したり、「企業の年功序列」などと表現したりすると、いかにも日本らしいと思われるかもしれない。清水は「戦後だけ見ると『企業の寿命』は50年以上」という。[*2] しかし、一方で企業の多くは生まれてまもなく消滅することが知られている。それでいて平均寿命が50年以上というのは、存続している企業がいかに長生きか（高齢か）を物語っている。企業の平均寿命を仮に50年とするのであれば、高齢企業が今なお日本経済の第一線を牽引していることは間違いない。

なるほどトヨタ自動車をはじめ長く存続する企業には経営のうまさという、それなりの理由がある。しかし、日本自動車業界には残念ながらアメリカの自動車ベンチャーのテスラのような会社は生まれていない。日本企業が少子高齢化してしまっている現状は危惧しなければならないであろう。

2　浮かんでは消える飲食店

(1)　高い廃業率

上の表現は新しい企業が生まれてこないことを揶揄したものであり、高齢企業を批判したものではない。反語的に高齢企業が寿命を通り越して老化せずに生き残るコツというのも大切である。

一方、浮き沈みの激しい業界のひとつに飲食店があろう。突風のごとく現れて人気を博したと思いきや、いつのまにか姿を消していく。その数は計り知れない。行列ができるほどの人気店も、いつ行ってもお店のなかは客でいっぱい、そんな流行もつかのまで、気がつけば姿を消している。読者の皆さんも心あたりのあるお店がひとつやふたつあるのではないだろうか。

いくら美味しいものが目の前にあるからといって人間は無限に食べられるものではない。ある飲食店が栄えれば、ある飲食店が廃れるのは自然な現象である。飲食の消費には飽和があり、限界があるので、企業には必然的に栄枯盛衰が生まれる。

経済学の考える企業とは効率性を求めて利潤を最大化させる。しかし、現実の会社を見ていると効率性を過度に追い求める企業は長続きしない印象を受ける。むしろ、損をしてでも（リスクを受け入れてでも）需要の絶対量を増やそうとする革新的な企業や、短期的な赤字を引き受けてでも伝統を引き継ごうとするような経済学から逸脱した企業の方が長持ちしているから皮肉である。

井澤（2015）によると、都内で開いた飲食店の廃業率は非常に高く、1年未満で閉店した割合は34・5%、2年以内で閉店した割合は15・2%、つまり、全体の約半数（49・7%）の飲食店が2年以内に閉店しているそうである。さらに開業後の3年で約7割が廃業し、10年後も営業している飲食店はわずか1割程度といわれているそうだ。「飲食店経営」という夢の実現は難しいことが窺われる。

近年では「流行っていないのに潰れないお店」が話題になっており、その謎の解明がブームを呼んでいる。そうなると逆に「流行っているのに潰れるお店」にも目が向く。前述のように、いつも行列ができているのに突然なくなってしまった、遠くから車で客が訪れるのに廃業してしまった、このような飲食店をよく耳にする。なかには経営者が一時の稼ぎのみを目的に開業して素早く撤退するケースもあると聞く。皮肉なことに合理性を前提とする経済学のニュアンスでは正解に近い行動と感じられてしまうが、飲食店経営を「夢の実現」とした際にはこれで目的が達成されたか疑わしい。

2008年の総務省統計局の経済センサスによると、全国の飲食店数は67万3385店舗であった。前述のように、同じ飲食店が何年間も経営を続けているわけではなく、このうちの大半が入れ替わっている計算になる。この統計が2008年なので、6年後の2014年にはこの20%にあたる1万3千店舗くらいしか存続していない計算になる（生き残り統計）。ただし、ここで2008年統計の約67万店舗のうち10%程度は老舗であり、それ以前から営業を続けていたと仮定することができる。したがって概算で計算すると、66万３３００＝67万－６７００（老舗）が新たな開業店であり、そのうちの20％しか市場に残っていないとすれば、次年度以降に継続する営業店は13万２６６０店舗であり、存在し続けているお店の数はそれに老舗店舗数を足した13万９３６０店舗という計算になる。

赤字により閉店に追い込まれる企業があるのは理解できる。他方、繁盛しているのに閉店を余儀なくされるケースも一部では存在する。なかには、繁盛しすぎてしまい「行列のため往来を妨げることになってしまった」「行列に並んでいる人たちの騒音が周囲に迷惑をかける」「車両が駐車禁止スペースに停められて迷惑」「道路にずらっと駐車して法律違反の状態になっている」などの近隣住民からの苦情により閉店するケースもあるという。このような社会問題が発生してしまうと、繁盛しているからといって営業を継続するのは必ずしも善いとはいえなくなってしまう。

繁盛しながらも長く続いているお店というのは、意外にも、この手の配慮が行き届いている。例えば、近隣に広い駐車場を設ける、近隣に迷惑にならないように行列の規制をしている、そして何より「近所から理解を得ている」のである。

このことはＳＤＧｓの「つくる責任」の役割を彷彿させる。「飲食店経営」という夢を持つのであれば、長期的には「地域との共生」がキーワードになることが窺われる。

(2) 経済理論的な説明――飲食店の需要と供給

テレビでは新しい飲食店が出ると、それをイノベーションとしてもてはやす。芸能人が飲食店を開業すれば、華々しく紹介される。しかし、一歩引いて考えると、人間の胃袋の量（キャパシティ）は決まっている。つまり、人間が飲食物を口にできる量は限られているので、いくら新しい飲食店を社会が歓迎しても、その一方では退出する飲食店があるはずだ。「人間の胃袋の総量」という限られたパイのなかで、食料の総需給量が増えることはないのである。

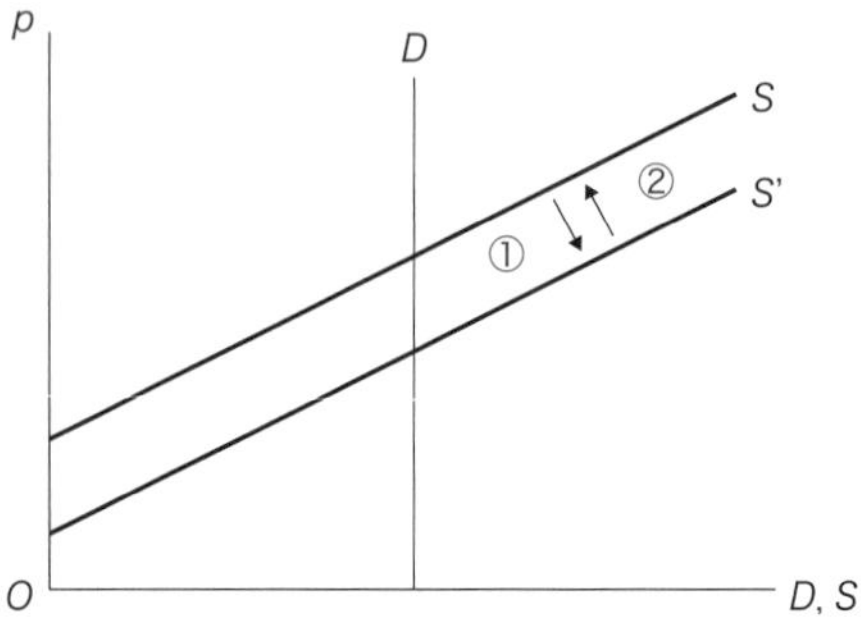

図3－1　社会における飲食店の需要と供給

仮に、他の商品やサービスの需要量であれば無限に増やすことができるのであろうか。これについては「基本的な衣食住に限ればそうではない」と考えられている。人間の生活時間は1日24時間と限られており、どう頑張っても25時間にはならない。これは、飲食における人間の胃袋と同様に、他の財やサービスについても最終的なパイは限られているということである。なかには別荘を持ったり贅沢をしたりすることでパイを増やせるという考え方をする人もいるが、人口が増えないと基本的な需要は増えないと考えられている。

図3-1を見てみよう。社会の需要曲線は、右下がりではなく、垂直線Dで示されており、消費はその左側で行われることになる。最初の供給曲線がSであり、飲食店の数が増えると供給量が右にシフトしてS'となる（矢印①）。そこへ、最近よく見られるような激安飲食店が多数登場すると、飲食の価格が下がることになる。そして、その値下げ合戦に耐えられない飲食店は閉店を余儀なくされ、飲食店の数は減少する（供給曲線は矢印②のようにSに戻る）。したがって、短期の均衡で見た場合には飲食店数の変動はあるものの、長期均衡で考えた場合にはDとSの交点の安定した飲食店数に落ち着く。

このように経済理論的に見ても安定した飲食店数が導かれてしまうことから、飲食店を開業し経営を持続することがいかに難しいかが分かるであろう。

3　老舗はなぜ生き残ったのか

(1)　不拡大主義

一定の数しか生き残れないような飲食店業界にも、老舗は存在する。なぜ老舗とされる飲食店は何十年も何百年も存在し続けられるのであろうか。碓氷・大友（2015）によれば、ここで重要なのが「市場シェアの争奪戦に陥らないこと」であるという。

経済学では市場競争こそ効率性を生み出す源泉のように考えるが、需要曲線が右下がりではなく垂直の飲食店のような場合、競争はかえって企業を疲弊させてしまう結果になるという。ある飲食店が技術開発（新メニューの開発など）を行ったとしよう。後発する企業が先発した企業に追いつこうと頑張って後追いしても、結局のところ市場にある需要の多くを先発企業が獲得した後であり、後発企業は売れ残り（＝過大な在庫）を抱える結果になるという。つまり、飲食業界においては、後から技術開発した企業が先に技術開発した企業に追いつくのは極めて難しいのである。

しかし、このような例は決して珍しくない。後から追いかける企業の多くは、先発する企業の存在しない他の地域でその在庫を販売しようとする。しかし、その地域には似たようなことを考える企業が集中し、激しい市場競争に巻き込まれ、結果として疲弊してしまうのである。

これは財の製造（新開発）だけでなくサービスでも同じことがいえる。新たなサービスを真似て似たようなサービスを事業展開したとしても、思ったよりも利益が上がらない。各地で似たようなことを考える企業が存在し、予想しない激しい競争に巻き込まれるからである。多くの企業は拡大成長することを目標にしているが、拡大することは不要な競争に巻き込まれるリスクを高めることにもなりかねない。

それに対して、長期存続している老舗の特徴は、拡大主義で競争のなかに巻き込まれる企業を横目に、不拡大主義（永続主義）を通しているところが多い。例えば、新潟県長岡市にある菓子店・長命堂飴舗[*3]では、人気商品である「飴もなか」のレシピを門外不出、一子相伝としている。また、ファッション雑貨卸売の老舗である日本橋の丹波屋株式会社[*4]などのように、家訓として企業の規範があり、それを代々受け継いでいるところなどもあろう。「責任の持てる財・サービスしかつくらない」という方針を貫くことは、まさにＳＤＧｓの「つくる責任」を地域で長期的に果たしていることになる。

しかし、企業側がいくら頑張っても、商売というのは顧客があって初めて成り立つ。碓氷・大友（２０１５）によれば、老舗では教訓が代々継承されると同時に、顧客も代々継承されていくという。それは、なぜであろうか。老舗が伝統の味を保持したいと考えるのと同じように、顧客側も親から子へ、子から孫へと老舗の味を伝承したいと考えているからである。

ここで「伝承」を他の言葉に言い換えるならば、上の代から下の代への教育といえよう。「このお店の味は美味しい」「このお店の製品は信用できる」「手土産にはこのお店で買うのがよい」という教育が消費者の側でも代々継承されていくので、老舗の商品やサービスの需要は長期間にわたって継続されるのだ。

老舗企業が「つくる責任」を果たすと同時に、消費者もつくられる商品に対して責任を持って「つかう責任」を果たしている。この「つくる責任・つかう責任」はＳＤＧｓの目標のひとつである。老舗企業のあり方はまさに「地域との共生」の具現である。

もちろん老舗企業は経営者だけではなく従業員への教育も怠らない。それによって伝統を代々継承している。代々の伝統教育が老舗企業を安定的に存続させる要因と説明しつつ、碓氷・大友（２

015）は、その背景にあるのが不拡大主義だとも説明している。経済学は拡大や効率性を志向することが一般的なため、この不拡大主義は負効率にあたる。老舗企業は市場競争の効率性を否定するだけでなく、「つくる責任」という負効率までも頑として譲らないのである。

経済の落ち込みがあったとしても焦って立ち直ろうとするのではなく、コツコツと過去を伝承していく。そして、未来に向けて携わるステイクホルダー（経営者、従業員、消費者など）全体の教育を促していくことが重要と感じさせる。

(2) 経営理論的な説明――キャリアアンカー理論

「キャリアアンカー理論」はマサチューセッツ工科大学名誉教授のエドガー・H・シャインが提唱した理論である。生涯にわたり自分の働き方の軸としてのアンカーがあり、その軸からブレないで生きることが成功の秘訣であるという。

ビジネスパーソンを対象にしたインタビュー調査から、どうしても譲れない「価値観」や「欲求」「コアコンピタンス（能力）」は、キャリアアンカーとして次の8つに整理できるという（加藤 2021）。つまり、自身のキャリアを考える際、以下のどこに軸（アンカー）を降ろすのかが重要である。以下、加藤（2021）より引用する。

①専門・職能別コアコンピタンス
「専門家」としての能力を発揮したいタイプです。
②経営管理コアコンピタンス
いわゆる「出世欲が強い人」です。
③自立・独立
集団行動のための規則や手順、作業時間、服装規定などに束縛されることが苦手なタイプです。
④保障・安定
安定した仕事や報酬など、安定性を最も重視する人です。
⑤起業家的創造性
新しい製品や新サービスを開発したり、財務上の工夫で新しい組織を作ったりなど、リスクを恐れず、何か新しいことを生み出すことに楽しみや充足感を覚える人です。
⑥奉仕・社会貢献
自分の仕事を通じて「何らかの形で世の中をよくしたい」という欲求が強く、社会貢献に価値を感じるタイプです。
⑦純粋な挑戦
誰もが無理と思うような難題や、手ごわい相手に打ち勝つことに満足感を覚えるタイプです。
⑧生活様式

個人としてどうしたいかだけでなく、家族や会社のニーズとの調和を大切にするタイプです。

上の8つが、成功したビジネスパーソンにおけるキャリアアンカーのパターンだという。つまり、こうした軸（アンカー）をしっかり見据え、価値観を固定しながら生きていくことが成功のコツだという。なお、この軸（アンカー）を下ろすという考えは、キャリアアンカー理論のような成功のコツのみに限らない。本人が意図せずに考え方にアンカーを下ろしてしまっている理論として「アンカー理論」がある（詳細は92頁参照）。

ここで老舗企業に話を戻そう。先に見た不拡大主義（永続主義）からも分かるように、老舗企業も、このような軸（アンカー）にあたる信念や方針を持っていた。しかし、そうした軸（アンカー）が100年近くも固定されたままでいたかというと、そうではない。時代に応じて軸（アンカー）のパターンを変えたり、内容を修正したりして柔軟に生き残る工夫を老舗企業は常に行ってきた。軸にあたる根幹部分は守り続けるというキャリアアンカーを維持しつつ、時代に応じてそれを修正する柔軟性を併せ持つことが真に成功する（長く続く）コツであると考えられる。

4　起業の現実

(1)　継続することの難しさ

筆者らと関わりを持つ若者の多くは「将来、起業したい」と語り、彼らは大学を卒業して就職してもすぐに辞めて起業に走る傾向がある。しかし実際のところ起業は容易ではない。起業するだけならまだしも、経営を継続することは容易ではないのだ（これは、筆者らが実際に株式会社や一般社団法人、特定非営利活動法人、空き店舗事業などを設立、経営してきた経験に基づく）。

経営を継続することが難しい理由をあげればキリがないが、例えば、よほどの技術開発力や斬新性がないと、市場シェアの争奪戦のなかで埋もれてしまう。「私は営業力に自信がある」「マーケティングに自信がある」という程度では、経営は継続できない。メディカル・データ・ビジョンの岩崎社長は２０１７年、慶応ビジネス・スクールの講義において、「創業から5年生き残る企業は15％、10年続く企業はたった6・3％、20年後はなんと0・3％」という衝撃的な数値を提示した。[*5] さらに、筆者らの主観を交えていうと、華やかに起業した法人ほど消滅も早いように感じる。長続きしている法人は意外にも地味な印象すら持つ。これは華やかに起業したい若者にとっては厳しい現実であろう。

仮に起業して3年間生き残ることができたとしても、それを成功といえるかどうかはまた別問題である。経営の継続には金銭の獲得と同じくらいに信念が大事になってくる。SDGsの「つくる責任」などの信念をいっさい持たずに行動したならば、碓氷・大友（2015）の説明するように限られたパイのなかでの競争を強いられ、市場競争に疲弊した挙げ句に人知れず消えていくのがオチである。

(2) 経済学者が起業したら

「経済学者が資産運用すると、どうなるか」「経済学者が起業をすると、どうなるか」。ときに巷で話題になる。せっかくの機会なので、筆者らの起業・経営経験を紹介したい。

経済学者であれば、経済理論的にはもっともらしいことが言える。しかし、多くの学者は企業で働いた経験もなければ、実際の経済活動に携わったこともないといって過言ではない。調査を通じて多くの経済データを手に入れることができるし、書籍もたくさん読んでいるので、机上で経済を論じることならできる。しかし、実際の企業の行動は、本当に経済理論がいうように利潤最大化を目指すものなのか。さすがに理論通りとはいかないまでも、どれだけ理論との乖離が生まれるものなのか、実際に経験しなければ分からない。

そこで筆者（水野）は2006年に株式会社を設立し、経営を開始した。経営を通じて生きた経済データを得られることに加え、経済理論と実態との乖離を肌身で認識することができると考えたのである（筆者（土居）も2017年に一般社団法人を設立している）。

筆者（水野）が設立したベンチャー企業は、15年以上経った今も存続しており、経営は継続できている（現在は後世に経営権利を譲っている）。その理念はＳＤＧｓで提唱される「質の高い教育をみんなに」「ジェンダー平等を実現しよう」であった。

設立当初、団体としての性格を有してまもなく、すぐに株式会社にした。企業によっては任意団体として活動した後に株式会社化するという話も聞く。この「即座に株式会社化した」という選択がよかったか悪かったか定かではないが、経営者としての覚悟が決まったのは確かである。行動経済学のコミットメント効果（公言した約束は撤回しにくい）を口先だけでなく全身全霊で実践した。

設立当初から需要のある財やサービスを持っている企業は世の中にどれほどあるのであろう。起業を急いだ筆者は、当然のことながら、もともと売れる商品やサービスを持っていたわけではなく、それを探すのに四苦八苦した。

「売れる」といっても一時的にたくさん売れるような財やサービスを見つけるのではなく、会社がやっていける程度に永続的に売れる財を探し出すことの方が重要である。ときには企業理念が後回しになる危機にも見舞われた。そして、最終的に「質の高い教育をみんなに」をテーマに教育系の動画制作の事業にたどりついた。

まずは大学生が就職活動に資するような動画を制作し、それを商品のひとつにした。ただ、残念なことにその商品はまったくといっていいほど売れなかった。しかし、その商品をつくるにあたり関係を持ってくれた人々が、その後も商品開発に携わってくれることになった。その結果、外部から動画制作を受注する機会にも恵まれ、委託される形で教育系動画の制作を引き受けることになった。

当時であれば企業秘密になるかもしれない資本金であるが、代表取締役に就任していた筆者（水野）が300万円、そして会長の職に就いていた知人が100万円を出資した。そして、その他の人々から協力金を求めて200万円ほどを募った。つまり、スタート時の資本金は約600万円であった。しかし600万円では会社経営は覚束ない。そこで運転資金として日本政策投資銀行から1千万円を借り入れた。設立当初の事業費や人件費はこれらの1600万円から充てていた。

起業を経験して実体験として感じたことがある。それは借入金残高が減ることは必ずしも喜ばしくないということである。住宅ローンや教育ローンを返済して減らすのは嬉しいことであるが、経営において借入金残高が減るということは、運転資金が減ることを意味していた。利潤も多く得られていないような（内部留保1千万円に満たない）状態で借入金残高が減る状況になると不安な気持ちにかられた。

「借入金残高が大きい方がよい」というのは、経営経験のない人にとっては奇妙なことに映るかもしれない。一般に借入金（=借金）はよくないことだと考えられがちだが、資本主義社会は借入金の制度なしでは成立しない。現状の経済社会は借金があって初めて機能している。経済理論において借入金は負効率と見なされる傾向があるが、経済社会の不可欠な要素である。

また、中央銀行のお金の量のコントロールで金利の上下の動きが誘引される。銀行からお金を借りざるをえない企業にとっては、金利が低ければお金が借りやすく、たくさん借りることになる。中央銀行の金利コントロールがいかに国全体の経済に寄与しているか身をもって実感できた。

このほかにも起業して初めて分かったことは多い。何より強く感じたことは、起業を行う場合には経験を積みながら、目標を設定し、試行錯誤を繰り返す覚悟が必要である。アメリカでは、倒産を経験したことのある経営者が再起業をする際、初めて起業する経営者よりも高い期待が寄せられるという。「一度、倒産を経験している」ということが、プラスのステイタスになっているのである（これは日本の考え方と逆である）。過去の失敗（＝負効率）をプラスに評価できるような社会の構築も必要であろう。

5　負効率を引き受ける企業

⑴　老舗企業を手本として

老舗企業こそＳＤＧｓの精神にかなうプロダクター（生産者）であろう。「老舗企業の条件」とまでいわれる時代に合った適切な対応だけではなく、近所付き合いのうまさ、顧客付き合いのうまさも重要な条件である。老舗企業が倒産すると社会に大きな影響を与えることが、そのよい例であろう。だからこそ国も老舗企業をつぶさせまいとサポートをする。

近年、繁盛している塾や予備校が子どもの自転車置き場の問題などで撤退を余儀なくされるケースが見られる。小さなこととないがしろにするのではなく、近所を大事にしなければ長続きはしない。近所を思いやる心を忘れて己の繁盛ばかりに目を向ける経営者の商売は長く続かない。思いやりの気持ちを持って（＝コンシダレイトに）周囲を見回し、負効率を引き受けられる経営者こそが、長期的な成功者となりうる。

儲けだけでなく社会調和があって初めて、顧客は自分の子孫にその商品やサービスを伝承してくれる。陰で負効率を引き受けてきたからこその老舗企業の今がある。

(2) 企業の社会的責任

ＣＳＲ（企業の社会的責任）の研究で著名なジョージア大学経営大学院のアーチー・Ｂ・キャロル教授は、企業の社会的責任を４段階のピラミッドで表している（小島 ２００９：74）。そのピラミッドの一番下は「経済的責任＝利潤を上げること」である。利潤を上げなければ企業として存続できない。そして下から2段目が「法的責任＝法令を遵守すること」、３段目が「倫理的責任＝倫理的であること」である。従業員それぞれの倫理観は異なるので、企業は会社としてコンプライアンスを設定し、それを遵守させるよう努力している。そして一番上にあたる4段目は「社会貢献的責任＝よき企業市民であること」である。社会の一員として損得抜きに社会に貢献することが企業には求められている。

これは、自社の社会貢献をマスメディアなどで大々的に宣伝することを意味するのではない。市民社会のなかに溶け込み、あえて宣伝などせず、当然のように社会貢献している様子を指す。

老舗企業はこれらを達成してきているからこそ長期間継続しているのであろう。例えば、商売にかかる著名な心得として「三方よし（売り手よし、買い手よし、世間よし）」がある。[*6] これは五個荘商人（近江商人）の老舗の家訓第８条（「ただ、そのいく先の人を大切に思うべく候」）からきているとされる。商売において利益を上げることは不可欠としつつ、地域に貢献する気持ちの重要性を説いている。

(3)　負効率こそエネルギー

経済社会には負効率と判断される出来事が多く存在する。負効率を引き受けたままでいると多大な損失を被るので、効率性を追求することが一般である。手間をかけないで大きな利得を得られるのであれば、それに越したことはない。

だが現実を考えてみよう。我々はあまりにも効率性を求めすぎてしまい、その結果、地球レベルの環境問題を引き起こしてしまっている。だからこそ今、ＳＤＧｓが世間で取り沙汰され、多くの人がその内容に共感しているのではなかろうか。

本章では老舗を例にあげ、経済でも目先の効率性ばかりでなく、負効率を大切にする必要があることを説いた。一見したところ負効率と思える事象の方が、長期的には大きな利潤をもたらすかもしれない。

現実社会には「夢は叶わない」という負効率が存在する。夢の非実現は失敗を意味する。そこで起業する際にも、目先の夢を実現させることを前提に、それがうまくいかなかったときの長期的クッションを用意しよう。企業は失敗の繰り返しである。ひとつの夢がつぶれたら次の夢の実現に努力すればよい。短期的な夢だけでなく簡単に実現する中長期的夢を、短期的な夢もひとつでなくダメ元も含めたくさん持つべきだ。位置づけの低い夢を実現しようとしたら、そのプロセスで後に大化けするようなダイアモンドの原石に出会うかもしれない。それこそが負効率のなかでよりいっそうの効率を実現させる最善の手段である。しかし、そういう教育が日本にはない。社会で押しつぶされてしまう人が多いなか、大成功者の言うことよりも、大失敗者の言葉を尊ぶような経営教育が必要である。

夢が叶わず、うまくいかなかったとき、「では、次にどうするか？」ということを考える力が必要になる。こっちがダメならあっちでよいではないか。起業での最初の失敗で折れた心を持ちながらもこのように融通を利かせられる経営人材の育成を急ぐべきであろう。日本のように、成功者だけを模範とする経営教育が広がっていては、力強い社会は生まれない。なぜなら、経済は失敗ばかりだからである。そう考えると「失敗者こそ強い経済社会を築く」という理論すら成り立つ。アメリカでは会社を数回倒産させないと大成功はないといわれている。失敗に次ぐ失敗を繰り返し、徐々に成功に進んでいく。それができる経営人材の育成が日本に存在しない。

失敗という負効率が多く存在するからこそ、そこから真の効率を見出す力が生まれる。老舗のように負効率をうまく活用すること、負効率のエネルギーを効率の実現につなげることが大切である。

注

＊1　いろはに投資「2023年　ユニコーン企業とは？　日本で注目の企業12社はここだ！」2022年10月20日、https://www.bridge-salon.jp/toushi/unicorn/#back（2022年12月31日閲覧）。
＊2　清水剛「会社は何歳まで生きるのか？『企業の寿命』を測定する」『夢ナビ』フロムページ、https://yumenavi.info/lecture.aspx?GNKCD=g004281（2021年12月26日閲覧）。
＊3　長命堂餡補、https://www.fnn.jp/articles/-/352347（2023年2月5日閲覧）。
＊4　丹波屋、https://globalstream-news.com/money-article-5/https://www.fnn.jp/articles/-/352347（2022年12月26日閲覧）。
＊5　日経ビジネス「『創業20年後の生存率0・3%』を乗り越えるには　岩崎博之メディカル・データ・ビジョン社長（3）」『慶応ビジネス・スクール EXECUTIV』2017年3月21日記事、https://business.nikkei.com/atcl/report/15/280921/022200058/（2022年12月31日閲覧）。
＊6　日本ファミリービジネスアドバイザー協会「老舗企業の家訓と近江商人の『三方よし』」『長寿企業に学ぶ』https://fbaa.jp/archives/185（2022年12月31日閲覧）。

参考文献

井澤岳志　２０１５「廃業が後を絶たない飲食店の傾向を探る」『ガジェット通信』２０１５年1月10日、東京産業新聞社、https://getnews.jp/archives/763305（２０２１年3月12日閲覧）。

碓氷悟史・大友純　２０１５『賢い企業は拡大主義より永続主義――マーケティング論と会計学が同じ結論に達した』同文舘出版。

加藤想　２０２１「キャリアアンカーとは？　8つの分類と適職を知るメリット」『GLOBIS CAREER NOTE』２０２１年9月10日、https://mba.globis.ac.jp/careernote/1142.html（２０２１年12月27日閲覧）。

小島大徳　２００９「社会的責任の基礎理論」『神奈川大学国際経営論集』37：67–83、file:///C:/Users/kmizu/Downloads/%E5%9B%BD%E9%9A%9B%E7%B5%8C%E5%96%B6%E8%AB%96%E9%9B%86%637007.pdf（２０２２年12月31日閲覧）。

第4章　経済効果の負効率
――プラス方向しか見ない思考

1　経済効果のまやかし――機会費用概念の欠如

(1)　経済効果の意義

本書でも「経済効果」という言葉がたびたび登場する。経済社会において経済効果は水戸黄門の印籠のような働きをしてきた。経済効果が大きければ、正しい行動と考えがちになる。その経済効果が現実にあるのであれば、やるに越したことはない。それが社会のため、地域のためになることも多い。

だが、本章ではその経済効果を一歩引いて改めて考えたい。経済効果がいくらあるという事前のニュースはあっても、実際にいくらあったかという結果のニュースはあまり聞かない。これからの時代は「（事前の）経済効果の予測が大きければよい」という発想では通用しないと考えられる。これまでも経済効果があるからよしとして様々な事業や施策が行われた結果、地球の至るところにひずみが生まれ、ＳＤＧｓの言葉が重要性を増すこととなった。また、ひとつの意見としてＳＤＧｓのすべての目標を達成すると、それはそれでひずみが生まれるともいわれている。[*1]

経済の物差しとして使われてきた経済効果のどのような点に注意しなければならないのか。経済効果という概念を否定するのではなく、その内容を理解しつつ、その数値を読む習慣を身につけておこうというのが本章の趣旨である。

(2) 経済効果の疑念

さて、経済効果とは経済関係事業の経済効率の測定方法のひとつである。イベントがあるたびに経済効果の数値が様々な機関から発表され、それをマスコミが報道している。何々を行えば、何億円の経済効果、何百億円の経済効果、はては何兆円の経済効果という具合である。しかし、本当にそれだけの経済効果があったのかというと、誰もその結果を正しくは検証できない。

各消費者や各事業主体の会計内容のすべてが公表されることもないし、経済効果を公表した機関が事後的に検証できるわけでもない。「オリンピックを開くと○○兆円の経済効果がある」と取り沙汰されたが、その開催が直接の原因かどうかは定かでないが、時期を同じくして年金を受給する年齢が引き上げられ、配偶者控除がなくなり、消費税率が上がっていることに気づいている国民は少ない。経済効果という言葉に惑わされてしまっている。

経済効果は、それを計算する研究機関などの想定値に基づいて算出される。さらに経済効果は言いっぱなしで終わり検証の行われないケースが多い。つまり、その信用性は疑わしいという結論にならざるをえないのである。

経済効果を数値で表すときは、対象とされる出来事のみが生み出す経済効果となる。ここで取り上げる経済効果という言葉は、この数字のみの近視眼的な経済効果なのである。例えば地域イベント、音楽イベント、スポーツ大会などはプロアマ問わず日常的に行われている。発表される通りのプラスの経済効果があちこちで起こっていれば、日本のＧＤＰはもっと膨大に増えてもいいはずである。しかし、日本中で起こっている各種イベントがＧＤＰに反映されているとは、とても思えない。他方、ここでの経済波及効果とは、数年かけてじっくり波及する経済効果を合計した値であることにも留意が必要である。

(3)　経済効果の解釈

経済効果の解釈は実のところ難しい。政府が10億円を支出してイベントを開催すると聞くと、さも大きな経済効果のある催しだろうと期待してしまう。しかし、政府は仮にそのイベントを開催しなくても「他の使途」に10億円を支出するわけで、そちらでも経済効果が発生するはずである。逆にいえば、イベントで経済効果を生み出した分、「他の使途」による経済効果は失われている。

つまり、プラスとマイナスが相殺されて結果はゼロになる。これよりレスター・C・サローの「ゼロ・サム社会」を想起することができる（サロー 1981：344）。社会では利益を得る者もいれば、その分不利益を受ける者もいて、社会全体でトータルすれば利益はゼロになるというのである。

よって正確に計算するとしたら、仮にAイベントへ10億円の支出で100億円の経済効果、Bイベントへ10億円の支出で120億円の経済効果が見込める場合、Bイベントの生み出す純粋な経済効果は「120億円－100億円＝20億円」という形で示さないといけない。そうでなければ正確な判断は下せない。これは経済学の基礎である機会費用の考え方である（世間で使われる経済効果には基礎である機会費用の概念が抜け落ちている）。

例えばAイベントで参加者が消費をし、売上があったとしても、そのイベントがなければ参加者は他のお店で消費していたかもしれない。たまたまAイベントがあったので行き、そこで消費を行ったに過ぎない。消費の経済効果といっても、他で行われるはずだった消費を削って行われるものである。ここに、参加者の消費や波及効果をそのまま経済効果と呼べない理由がある。もしかしたら、莫大な予算をかけたイベントよりも、追加費用のかからない小さなイベントや、あるいは消費者の本来の消費に任せていた方が経済効果はより大きかったかもしれない。

どこからともなく発表される経済効果は、突然お金が降ってきて、他のイベントに迷惑をかけずに、それをまるまる使用した場合に得られる効果なのである。一方が増えれば他方が減るという単純な関係が見過ごされている。経済効果を求める複雑な算定式の背景には、機会費用という経済学の基礎概念が欠如していることが残念である。

(4)　経済理論的な説明——機会費用

ある経済行動Aを選択したとき、他の経済行動Bを同時に選択することはできない。40年前の筆者の例で説明しよう。当時、大学の授業の1回あたりの授業料は数千円であった。その授業をさぼってパチンコに行って1万円を得られたとする。この場合、もし授業に出ていたら、パチンコに行って得られたはずの1万円を逃してしまうことになる。これが機会費用である。経済行動Aを選択したために経済行動Bを選択すれば得られたであろう価値が失われた。つまり、機会費用の考えにおいては、経済行動Aの価値は、経済行動Bの価値で決まるという相対的な関係なのである。

しかし、ここで注意してほしいのは「何もやらないで過ごす」というのも経済行動のひとつだということである。ある財（商品のこと）の需給曲線を示した図4-1を見られたい。

ある人は、とある財について価格Cを支払ってCBに相当する量を購入しようと検討していた。当初その価格で購入しようと思っていたが、そのときに他の行動（何もやらないことも含む）

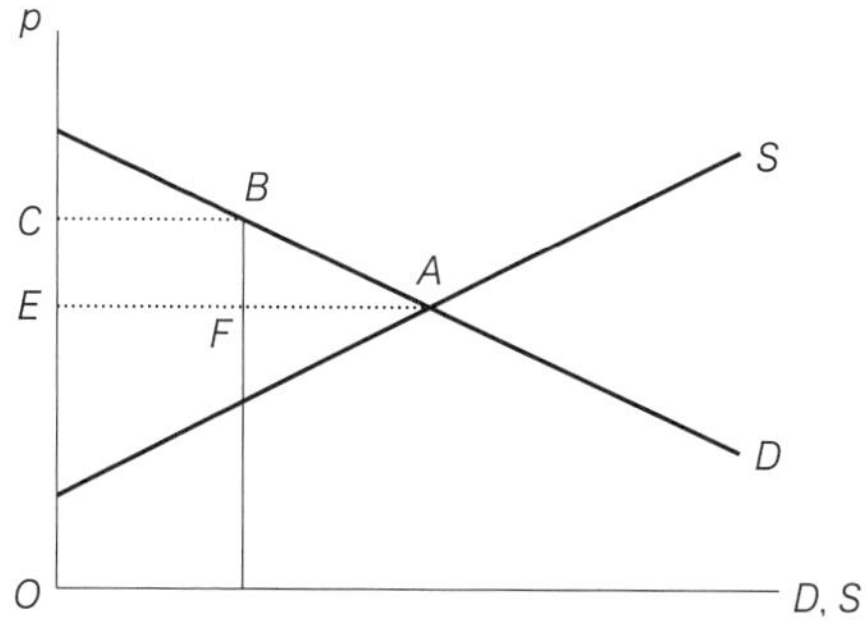

図4-1　機会費用の説明

を選択したために、その財を購入できなかった。しばらくすると、その財の供給は需要曲線Dと供給曲線Sの交点である均衡点Aに落ち着き、価格はEまで下落することになる。結果として、その人は当初支払っても構わないと考えていた価格よりBFだけ得をしたことになる。

つまり、□$BCEA$分だけ消費者は多くの満足を得たことになる（□$BCEA$の消費者余剰を得た）。この人は他の行動を選択していたため、運よく□$BCEA$の消費者余剰を得ることができたのである。これも機会費用の一種である。

ただし、一般的に説明される機会費用では、このような消費者余剰が登場することはない。例えば、目的地まで速く行こうと思い、新幹線や飛行機などの高額な交通手段を用いて時間を節約したとしても、それが本当に成功といえるかどうかは分からない。実はその交通手段を使わずに歩いて行ったら健康が増進したかもしれない。効率的だと思って乗車したタクシーが事故に遭い、歩いて行った方が早かったと悔やむこともあるかもしれない。機会費用には「急がば回れ」の概念が含まれることを見落としてはいけない。

2　経済効果の計算の仕組み

よく見かける経済効果とはどのように計算されるのか。イベントなどの経済効果を測定する方法のひとつに産業連関分析がある。通常は政府（国、都道府県）が5年に一度公表する産業連関表に基づいて経済効果が計算される。[*2] また、市町村によっては国や県が作成した産業連関表をもとに独自の地域版を作成する例もある。[*3]

産業連関分析がどのような計算なのかについて参考までに説明する。ここでは簡略化のために経済が第一次産業と第二次産業で成立していると仮定する。

第一次産業の生産総額
＝第一次産業から第一次産業に売却した金額
＋第一次産業から第二次産業に売却した金額
＋「消費者、企業、政府、外国」に売却した金額……（数式1）

第二次産業の生産総額
＝第二次産業から第一次産業に売却した金額
＋第二次産業から第二次産業に売却した金額
＋「消費者、企業、政府、外国」に売却した金額……（数式2）

これは次の数式に書き換えられる（数式1、2の連立方程式を解いて変数を増加分で表現している）。

第一次産業の生産総額の増加分
＝一定割合×「消費者、企業、政府、外国に売却した金額」の増加分……（数式3）
第二次産業の生産総額の増加分
＝一定割合×「消費者、企業、政府、外国に売却した金額」の増加分……（数式4）

したがって、イベントにより予想される売上金額を「『消費者、企業、政府、外国に売却した金額』の増加分」に代入すれば、第一次産業の生産総額の増加分と第二次産業の生産総額の増加分を計算することができる。この両者の総生産額の増加分の合計値を「経済効果」と表現しているのである。なお、ここで「『消費者、企業、政府、外国に売却した金額』の増加分」に代入する売上金額は、経済効果を計算する人の想定値である。

3　経済効果の定義と計算の問題

⑴　定義

経済効果の計算に関しては経済効果の定義の問題と、その精度の問題がある。上述の経済効果の場合には直接効果と波及効果を総計して経済効果と定義している。経済理論上はこの定義に間違いはない。

しかし、ある事業への支出が増えた代わりに、他の事業への支出を減らすというシミュレーションは産業連関分析では行われない。実際のところ、ある事業への支出金額は他の事業への支出金額の機会費用であろう。産業連関分析で経済効果を計算する問題点をあげてみよう。

(2) 計算の問題点その1——機会費用の欠如

第一の問題は、いま述べたように、イベントによって需要を増やした分、本来他の用途に使われるはずの支出金額が減っているはずであるが、その差し引きが行われないことである。そもそも支出金額の細かな内訳を知りうるのはイベント担当者の一部であり、外部に公表される数値は「○○イベントに投入される金額」のみである。その金額がどこから捻出されたのかを認識し、プラスだけでなくマイナスの値を代入してシミュレーションしなければならない。しかし、多くのシミュレーションにおいては、プラスの直接効果しか計算されないことが実態である。

筆者（水野）は、以前に政府が他の財政支出を減らして防衛需要を増やした際、どれだけ日本経済にプラス効果があるかを産業連関分析により計算したことがある。つまり、防衛支出を増やした分の金額を他の項目の支出から減らしたのである。その結果、経済効果はあまり変わらないとなり、研究論文として成立させることができなかった。

人気歌手のコンサートがあればその経済効果、お祭りがあればその経済効果が発表されているが、本来あるはずのマイナス（機会費用）をまったく考慮していない数値である。純粋な経済学に立ち返ると、そうしたプラスと他の支出の経済効果を比較して、それでもプラスであったならば、そのイベントは実施した価値があったと評価すべきである。

現在、国民は経済効果の定義も知らされずに、そのイベントの開催がどれだけの経済効果があるかを数値で示されているに過ぎないのである。

(3) 計算の問題点その2——短期的な経済効果

第二の問題は、産業連関分析で計算された経済効果は短期的な効果に過ぎないことである。

ある地域でイベントを開催したとき、訪れた人たちがその地域を好きになってリピーターになってくれるかもしれないし、なってくれないかもしれない。イベントで多くの人を迎え入れることで、地元の人たちがやる気になり、その後も地域活性化に力が注がれるかもしれないし、注がれないかもしれない。イベントが開催されたことで起こる中長期的な変化は、経済効果に大きな影響を及ぼす。

しかし産業連関分析による経済効果の計算では、そのような中長期的な効果は考慮することが難しい。

(4) 計算の問題点その3――偶発的要素の捨象

第三の問題として精度の問題がある。この計算のもとになる産業連関表は、国、都道府県とも5年ごとにしか作成しないため、経済的波及効果を計測するのも当時の実態で計算することになる。そのうえ市町村の産業連関表は都道府県の産業連関表から推計した数値であることが多いため正確な値とは言い難い。そのため、市町村の産業連関表を使用して計算しても、その数値がどこまで実態を反映しているか分からず、おおよその方向性しか掴めない。

都道府県全体の産業連関表を用いた計算においても正確性に欠く場面がある。それに付随した問題として、外的な要因が考慮されないこともあげられる。２０２０年に発生した新型コロナウイルスの流行は記憶に新しいが、ほかにも大型台風の被害、大震災など、人為によらないトラブルは毎年のように頻繁に発生している。しかし、産業連関表は5年ごとにしか作成されないために、現在の経済効果からそれら外的要因を捨象せざるをえないのである。[*4]

未来予測をするにあたり必要な要素として、理論的な要素、自然的な要素だけでなく、思いがけぬ偶発的な要素の予測が必須ということである。この偶発的な要素を予測することは極めて難しい。仮に現在の政治的な事情、海外の事情、自然的な事情を加味して偶発的な未来を予測したとして、それは単なる妄想と切り捨てられてしまうだろう。そのため、偶発的な要素は除いて分析を行うことになる。経済効果として示される数値は目安のひとつに過ぎないのである。

(5) 計算の問題点その4――統計値の不確実性

第四もやはり精度の問題である。分析の際に必要になる数値を分析者自身が想定する必要のある場面は多い。例えば、何人の消費者がイベントに参加し、そこでいくら消費するか、彼らの交通費はいくらか、何泊程度の宿泊をするのか、外国人は何人くらい参加するのかなどを想定（予測）しなければならない。むろん、ある程度の統計値は主催者側で保有しているであろう。しかし、分析者が実際の消費金額などを正しく把握することは、よほど小さなイベントでもない限り不可能である。

場合によっては、このような数値は分析者が恣意的に算出してしまうこともある。現実の数値が分かっていることは稀で、どこまで深掘りしても想定の域を出られない。そして、その想定値に基づいて分析する。その分析結果が経済理論に基づくため、さも算出された結果には説得力があるように見えるが、基本となる数値があいまいなため結果も不安定である。この問題は多くの経済分析、経済予測が共通に抱える課題であるといえる。

以上のように経済効果を数値で示すことは容易にできるのだが、その正確性には常に疑問がつきまとう。そもそも経済主体である人間は感情を持ち、それを主な行動原理にしている。シミュレーションで予測できるような経済は存在せず、経済効果の予測値の解釈も難しいのは当然のところであろう。

一口メモ⑥　一般の人でも使えるフリー経済効果計算ソフト

今般、誰でも簡単に経済効果を測定することができるソフトが多く開発されている。指示された欄に自身の想定した数値を入れさえすれば、自動的に経済効果を計算してくれる。ここではその一部を紹介したい。

①観光庁モデル

観光庁は簡単に経済効果を計測できるソフトを無償で提供している。何かイベントを開催することによる経済効果を知りたいと思ったときは、このソフトを利用するとよい。産業連関表を使用した経済効果測定ソフトであり、左記のＵＲＬにアクセスすると提供してもらえる（２０２２年３月１日閲覧）。

「ＭＩＣＥ開催による経済波及効果測定のための簡易測定モデル（ＭＩＣＥ簡易測定モデル）」

https://www.mlit.go.jp/kankocho/page07_000018.html

使用方法は簡単であるが、利用目的を以下から選択しなければならない。①効果測定（開催前）、②効果測定（開催後）、③政策・施策検討、④予算要求、⑤その他（自由記入）。

その後、イベント開催予定の市町村を選択する。そして、ソフトに記載されている指示に従い「会期」「参加者数」「主催者事業費」などを入力するとともに、参加者1人あたりの旅費および宿泊数などを入力すれば、経済効果を自動的に計算してくれる。

ただし、産業連関表をもとに分析するため、前述の問題点は残ってしまう。参考までに活用するのがよいであろう。

②都道府県モデル

観光庁モデルだけでなく、例えば福井県などでも自動的に経済効果を計算できるソフトを無料公開している。左記のURLからダウンロードできる（2022年3月2日閲覧）。

福井県「経済波及効果分析」

https://www.pref.fukui.lg.jp/doc/toukei-jouhou/hakyukouka.html

こちらも、求められるいくつかの数値を代入すれば自動的に計算される。ただし、「平均消費性向（年）を選択しなさい」（2022年12月時点）という欄があり、分析者が対象とする年次を記入するよう指示される。ここでいう平均消費性向とは、特定の年次の民間家計消費支出（消費支出）を可処分所得で割ることで求めることができる。

４　コロナ禍の緊急事態宣言下における飲食店の例

２０２１年１月にも前年度に続いて東京都をはじめとした複数の地域に緊急事態宣言が発せられた。内容の主軸は20時以降の飲食店の営業自粛を求めるものであり、自粛を守った飲食店には１日あたり６万円の補助を行うという内容であった。このときも経済効果としてマイナス１兆円などと取り沙汰された。

しかし、冷静に考えてみよう。日本国民の胃袋のトータルの大きさは決まっている。たとえ飲食店で食べなくなったとしても、同じだけの食事量を家庭内で消費する。つまり、消費する食事の量に緊急事態宣言の前後で差は生まれない。一方でのマイナスは他方でのプラスになり、総量そのものはトントンになる。確かに、飲食店で食事をした方が、飲食代にかける付加価値は大きくなる。実際に、飲酒が減少したために２０２０年の酒類の売上は前年度から７％ほど減少したそうである。しかし、飲酒のなかには健康を害するものも含まれていたと考えられ、酒類の売上減少は人々の健康に貢献し、医療費の削減につながっているかもしれない。

そのほかにも「巣ごもり需要」と呼ばれ、緊急事態宣言で外出が控えられたため、それに対応するための財の需要も旺盛であった。緊急事態宣言という言葉に惑わされ、多くの人はさもマイナスの経済効果があったと考えがちである。しかし、日本に住む人々の胃袋の大きさはコロナ禍の前後で変化はなく、飲食の経済効果についてはトータルで見た場合にさほど大きな影響があったとは考えにくいのではないか。

5　経済効果は目安として活用すべし

経済効果の計測値は華やかにプラスを示すことが多い。しかし、実のところ（機会費用を考えると）マイナス（＝負効率）であることも少なくはない。本章は経済効果の結果を正しく解釈してもらいたいという意図で執筆した。世間で公表されている経済効果の数値がいかに不安定であり、そのまま鵜呑みにしてしまうことは危険であることが分かったであろう。経済効果を分析する人の意図（経済効果の定義、計算方法、インプットされる数値など）で、経済効果の計測結果はいかようにでもなってしまう。

イベントが開催された際の消費や広告、放映などの金額は実際のところどれくらいの規模であろう。正確な数値は誰も分からないといって過言でない。

またイベント開催による経済効果を考えるとき、お決まりのように機会費用の概念が捨象される。仮にイベントが開催されなければ参加者は他の消費をしたり、企業は他の広告を打ち出したりしていたであろう。その事実が無視される。

例えば日本で国際会議などが開かれる場合はまだよい。純粋に訪日客が増えるというプラスの計上を考えれば事足りそうである。しかし、国内からの参加者で構成されるようなイベントである場合、もしかしたら当該イベントを開催すること自体が他のイベントの開催を犠牲（機会費用）にしているかもしれない。経済効果の数値を考える場合、他の支出が減っていることを念頭にその数値を解釈しなければならない。本来、他に振り分けられるはずであった支出を差し引かなければ、正確な経済効果は算出されない。世間で発表される経済効果の多くは「目安のひとつ」と解釈するのがよいであろう。

付録　経済効果の追加説明

経済効果にはそもそもの投入された金額がもたらす直接効果（＝投入金額と同額）と、直接効果から派生する消費がもたらす間接効果（第１次間接効果）が存在する。さらに第１次間接効果は次の消費を呼び起こし、第２次間接効果、第３次間接効果、第４次間接効果……とつながっていく。むろん、最も効果が大きいのは直接効果であり、第１次間接効果、第２次間接効果と次数が下がるごとにその効果金額も小さくなっていく。一般には直接効果を除いて最も規模の大きい第１次間接効果が経済効果として解釈されやすい傾向にある。

(1) 第1次波及効果

今まで経済効果について問題点を指摘したが、実は産業連関表を使用した分析は経済学的視点で考えると優れものであるといえる。これまで指摘してきた通り、様々な仮定を用いた分析であり[*5]、結果の取り扱いには注意を要するものの、産業間の複雑な関係までを捕捉し、そのうえで経済波及効果を計測できる分析手法としては極めて希有なひとつといえる。

例えばイベントへの支出や政府支出などで国や地域の支出金額が増えると（直接効果）、それが国全体や地域産業に波及して（波及効果）、最終的に地域の生産額はトータルでどれだけ増え（経済効果＝直接効果＋波及効果）、雇用がどれだけ増えるかまで算出できる。

第1次波及効果は直接効果と第1次間接効果の合計値である。例えば政府が10億円の支出を行う場合、この10億円は直接効果となる。そして、産業連関表で原材料費・中間取引費の割合が0・6、粗付加価値（粗利（人件費を含む利益））の割合が0・4となっていたのであれば、政府支出の10億円を請け負った産業は、そのうちの原材料費・中間取引費が10億円×0・6の6億円、粗付加価値が10億円×0・4の4億円程度であると計算できる。

さらに産業連関表において粗付加価値のうち0・5が雇用者所得と記されていたのであれば、粗付加価値4億円×0・5の2億円が雇用者所得となる（直接効果からの雇用者所得）。

第1次間接効果については、原材料の6億円を産業連関表モデルの（支出対象の産業の）最終需要に代入すると、他の産業への波及効果（生産誘発額）を算出することができる。

例えば、6億円（原材料費・中間取引費）×波及割合（レオンチェフ逆行列[*6]）の計算結果（産業ごとに算出された金額（全産業分）を合計）が3億円であったとする。その場合の第1次間接効果の生産誘発額は3億円（このうちの雇用者所得は0・6億円（＝3億円×0・4×0・5））になる。

第1次波及効果（直接効果＋第1次間接効果）：
10億円＋3億円（第1次間接の生産誘発額）＝13億円
（雇用者所得2億円（直接効果分）＋0・6億円（第1次間接効果分）＝2・6億円）

(2)　第2次波及効果

雇用者も消費者のひとりであり消費を行う。彼らは所得を得たので消費する量が増え、その効果が第2次波及効果、第3次波及効果……と波及効果を連続させる。

数値例では、彼らは直接効果で2億円、間接効果で0・6億円を手にしているので、第1次波及効果の時点で2・6億円の所得を得た。日本における所得に対する消費の割合（限界消費性向＝消費の増加／可処分所得の増加）を約0・6と仮定しよう。

すると第1次波及効果の結果として、

2・6×0・6＝1・56億円

の消費が新たに発生することになり、この金額（1・56億円）を産業連関表モデルの最終需要項目にある民間消費支出に代入すると、再び各産業への生産誘発額が計算できる。その合計値が第2次波及効果である。この結果が0・78億円だったとしよう。

第2次波及効果：

1・56億円×波及割合（レオンチェフ逆行列）＝0・78億円

雇用者所得：0・78×0・4×0・5＝0・156億円

第1次波及効果、第2次波及効果の合計値は13・78億円（13億円＋0・78億円）と計算できる。[*7]つまり、10億円のイベント開催は13・78億円の経済効果を生むと計算できる。ただ、そのうちの10億円は直接に支出している金額なので、経済効果としては10億円を差し引いた3・78億円となる。[*8]

注

＊1　第38回経済教育学会全国大会シンポジウムでのパネラー金子幹夫先生（神奈川県初声高校総括教諭）の言。

＊2　積算方式（イベントに関わる各項目の売上金額を想定して合計する）や計量経済モデル（回帰分析など）による計算方法なども存在する。

＊3　都道府県までの産業連関表は各データを使用して作成するが、市町村の産業連関表は都道府県の産業連関表をもとに推計して作成している。

＊4　産業連関表は「経済の標準的な姿をとらえる」ことを目的に5年に1度作成されている。しかし、何をもって経済の異常な年次、標準的な年次なのかを判断することは難しい。次に公表される産業連関表は２０２０年（新型コロナウイルス感染症の流行開始年）であるが、この年次が異常年に該当すると感じる読者も少なくないであろう。実際、産業連関表を作成する総務省においてもこのような議論はされたようであるが、標準的な年次として扱われることになり、２０２０年版が公表されることになっている。

＊5　これまで指摘してきた以外の主な仮定としては、①投入と産出における線形性の問題（規模の経済性が機能しない）、②需要を在庫で補わないこと、③原材料の調達がトラブルなく行われることなどが暗黙に存在している。

＊6　産業連関表により計算した数値を用いている（詳細な説明は省略）。

＊7　これ以降の波及効果は無視する。

＊8　本章の執筆にあたり総務省にて産業連関表（２０２０年）の制作を担当していた小俣惇氏より貴重なご意見を賜った。末筆ながらお礼申し上げたい。

参考文献

サロー、レスター・C　１９８１『ゼロ・サム社会』岸本重陳訳、阪急コミュニケーションズ。

第5章　英語学習の負効率
――これからは楽しんで学ぶ時代

1　英語教育の重視

(1)　何かと英語が重視される日本

近年の日本を俯瞰してみよう。まず、世界の産業地図を書き換えられるような人材や企業が輩出されていない。研究レベルも、中国にも抜かれて先進国で下位である。こうした要因のひとつに日本特有の悪しき風習が隠れているように思えてならない。それは偏差値の高い大学に入学することを有能である証明と見なす傾向が強く、反対に独創的な発想に対しては冷たいという態度である。この学歴社会の固定観念が、現在の日本が必要としている分野への人材補給、人材の最適配分を妨げてきた。

筆者は、学歴は努力の証であり、否定するものではないと考えている。しかし、学歴が証明するのは、その人の持つ能力のうちのどの程度であろうか。日本では、何歳になっても学歴を笠に着て仕事をする人が一定数いるといわれる。その人にとっての唯一無二の勲章であることは伝わるが、仮にそのような人が社会の上位を占めていては、起こるはずのイノベーションが起こらないことも頷ける。

こうした根本的問題を棚に上げて日本人が最後にたどりつくのは「日本人は英語ができないから国際社会で通用しない」という結論である。英語ができないために日本では国際企業が育たない、世界を股にかける若手経済人があまり育たないのは英語教育が遅れているからである、中国に研究論文数が抜かれているのは中国語の文法が英語に似ているからであるなどと説明される。これらは一概に否定できないところもあり、だからこそ日本はこれまで英語教育に力を入れてきた。高校や大学の入試問題でも英語を重点科目にしてきた。つまり、英語が得意か不得意かで高校や大学の合格率が大きく変わる。そして先述の学歴社会の通り、大学名が人生を変えてきたのである。つまり、受験英語が得意であった人は、これまで暗黙のうちに日本経済をけん引する資格が与えられてきたのである。

しかし、英語教育に力を入れているにもかかわらず、日本は諸外国に経済で逆転されたり、さらに差をつけられたりしている。前述のように、筆者は、日本が諸外国に抜かれてしまっている要因は日本人の学歴に対する価値観や固定観念にあると考えている。

筆者の知人[*1]に「英語をうまく話せることに意味はない」と言い切った人がいる。理由を聞くと「私が周囲から認められるような技術や能力を身につければ、私の英語がどんなに下手であっても、たとえ日本語しか話せなくても、私の言葉に真剣に耳を傾けてくれる」と回答した。そして、「英語は自分の知識や技能を伝えるツールであり、それを持たないで英語力ばかりを鍛えるのは本末転倒ではないか」と続けたのである。当時、筆者（土居）は同い年の知人からこの言葉を聞いて感銘を受けた。

人にはコンプレックスを抱いている相手を高く評価してしまう心理がある。特に学歴ではその傾向が大きく、東京大学に合格できなかった人ほど東大卒の人を必要以上に高く評価してしまい、それが企業における人事評価の問題点とも指摘されている。英語に関してはこれに近い状況があり、英語をうまく扱えないことにコンプレックスを抱えている人は多い。そのコンプレックスから「英語は無意味」と堂々と主張できないのである（言えるとしたら、英語を扱える人が謙遜の意味を込めて言うときであろう）。知人は大学までスポーツ推薦で進んだせいか、勉強全般に対してコンプレックスを持つことがなかった。だから本質をサラッと口にできたのだろう。

今の日本はＳＤＧｓの「産業と技術革新の基盤をつくろう」に先進国のなかで乗り遅れている。そのうちの目標のひとつである「２０３０年までに資源利用効率の向上とクリーン技術及び環境に配慮した技術・産業プロセスの導入拡大を通じたインフラ改良や産業改善により持続可能性を向上させる。全ての国々は各国の能力に応じた取組を行う[*2]」ための資質を持ち合わせているだろうか。

「日本は優秀な国だから、国内で勝ち抜けばよい」という発想が日本経済をますますガラパゴス化させてしまう。その解決策として、英語力を身につけて国際社会で通用する人材を育てようという結論になる。そして、その凝り固まった思考が、日本のグローバル人材の育成をよりいっそう遅らせてきた。

「英語ができない」という事実は確かに負効率なことである。当然、できるに越したことはない。しかし、その負効率は負効率のまま残しておき、他の手段を考えるのがよいのではないか。例えば、独創的発想を培うトレーニングに充てるなど、負効率の解決を技術革新に求めれば、日本のグローバル化を進められると考えている。

(2) 英語教育の必修化

日本では最近、初等教育でも英語教育を重要視するようになった。2020年度から小学校での英語教育の本格改革が行われた。移行措置として、2018年度から小学校3年生以上の英語教育を開始していたが、2020年度からは小学校3年生から体験型の英語教育も開始している。さらに小学校5年生以上からの英語教育が必修化された。

教育内容も変革され、紙媒体で進めてきたこれまでの英語教育とは異なり、主にコミュニケーション能力の向上に焦点が当てられている。これからの国際社会で活躍できる人材を育成するためには、知識としての英語でなく、コミュニケーション力の向上が大事と考えたのである。

日本人には、英語圏の人の前では萎縮してしまいコミュニケーションがうまくとれない傾向がある。中学や高校で習った英語は、ネイティブが機関銃のようにまくしたてる英語の前には何の役にも立たない。これを実感した人は少なくないであろう。これでは世界で活躍できる人材になりえない。学校での英語教育がコミュニケーションを中心とした英語教育にシフトしたことには納得がいく。

しかし、少し見方を変えてみよう。最近では優れた翻訳ソフトが多数登場している。それらは英語だけでなくほぼ世界中の言語に対応している。日本語で入力すれば、優れた英文が瞬時に出てくる。英文を入力すれば、何をいいたいのかが分かる日本語文が返ってくる。これらは発展途上の技術で、今はまだ正しい英語、正しい日本語とはいえないかもしれない。しかし、お互いに何をいいたいのかが分かればコミュニケーションをとるうえでは十分ではないか。もう数年もすれば、さらに性能が上がり、互いに理解しあえる翻訳になるのではないか。「でも、機械では完璧な英語コミュニケーションはできない」という反論はあろうが、日本人が完璧な英語を身につけるには相応の時間を必要とする。それこそ英語の学習に時間を費やすのではなく、他の知識を高めることに努めた方が日本のイノベーションに貢献できるであろう。

今10代に満たない世代が大人になって活躍する頃には、高性能の翻訳ソフト、自動通訳機が当然のように出回っていると筆者は考えている。こうした機器を使えば、英語力がなくてもグローバル社会で渡り合えるようになる。そのときには、英語以外の知識、そして翻訳ソフトや自動通訳機をうまく使いこなすテクニックの方が重要になっているかもしれない。

(3) 経済理論的な説明――ミクロ的視点とマクロ的視点

英語教育の経済理論を紹介した文献に佐藤(2020)がある。本項ではその内容をもとに説明していきたい。

まずミクロ的視点から見てみよう。英語ができる人は会社で出世するのか、英語ができる人は給料が高くなるのかという疑問から入る。

佐藤(2020:4)は、松繁(2002)による「ビジネスで使用できる水準の英語力を習得した者は昇進・所得の面で有利」や、寺沢(2009)による「ホワイトカラーの場合、英語力による賃金の格差は主に大都市の労働者に関わるものであり、とりわけ女性において顕著な現象である」、同じく寺沢(Terasawa 2011)による「英語力が賃金水準に及ぼす影響が見られるのは『金融・保険業』や『放送・出版・広告業』などごく一部に限られ、多くの労働者について両者の関係は学歴等による疑似相関の可能性が高い」という研究結果を紹介している。いずれも、英語力は直接的に、または学歴というブランドを通して間接的に、賃金や出世に影響しているという結果であった。つまり、大半のケースでは高度な英語力を身につけ難易度の高い入学試験を通過した「高学歴」という事実が評価されているに過ぎないという見方である。

次にマクロ的視点から見よう。英語力が高ければ国の経済力も高くなるかどうかという巨視的な視点である。

佐藤（２０２０：５）は、アフィア（Ufier 2016）による「英語力は（純）輸出の増加を通じて所得に正の影響を及ぼ」すという分析や、クーとザスマン（Ku and Zussman 2010）による「英語力が高いほど言語障壁（中略）を乗り越え貿易が促進される」、ヘジャジーとエメー（Hejazi and Ma 2011）による「英語を母国語とする国や英語との『言語間距離』が小さい言語を母国語とする国であるほどグローバルな企業活動が活発である」という研究結果を紹介している。

しかし、これらの研究結果はGDPが第2位の中国や第3位の日本にも当てはまるとは考えにくい。筆者の納得のいく見解は、リー（Lee 2012）の「一国全体の労働者が英語をマスターする必要はなく、一部の労働者が媒介となって成長に結びつく知識や技術を吸収し、国内でその普及を図ればよい」である。

今般、日本が進めているのは全国民を英語の技術者にすることである。英語は情報を伝えるツールであり、他に技能を身につけないと世界で相手にされなくなってしまうであろう。

筆者は日本経済を危惧しているのと同時にGDP第3位の国であることを高く評価している。そして同時に、英語が母国語でなく、英語との「言語間距離」が大きい中国と日本が世界経済の上位に位置している現状を見ると、国民の多くが英語を得意としていないという負効率はマイナスではないと考えている。

英語は技能のひとつである。英語を扱える一部の人が高く評価されるのは、彼らに英語を分業させるというマクロ経済的な構造から見れば正しいといえよう。全体的には負効率（国民の多くが英語を扱えないという現状）でも、英語の達者な少数者に頼るという経済構造を確立させることの方が重要といえる。

2　英語こそ分業であろう

(1)　英語は頼って構わない

筆者（水野）も年に3～5回ほど海外の学会で研究報告を行っている。実のところ筆者は英会話がまったくといえるほどできない。しかし、学会報告は英語で発表して、その後の質疑応答も英語で回答しなければならない。

かつて客員研究員としてアメリカのバージニア州ノーフォークにあるオールドドミニオン大学に留学した。イギリスのウェールズ州カーディフにあるウェールズ大学カーディフ校に留学したこともあった。そこでは毎日、現地の大学の人と英会話で交流していた。相手が気を遣ってゆっくり話してくれたことを覚えている。相手のゆっくり話している英語のなかからひとつふたつの単語を拾い出し、どんなことを言っているのか推測した。反対に、相手は筆者の話すカタカナ英語からひとつふたつの単語を聞き出して言いたいことを推測していたようである。しかし、間違いなく会話は成り立っていた。大学には海外から来た留学生や教員が多かったため、皆も慣れていたのであろう。

ところが大学の敷地を一歩出ると、機関銃のように早口の英語をまくしたてられ、相手の言うことがさっぱり理解できなかった。早すぎて、そのなかに含まれている単語を拾うことさえできなかった。すると相手が「どうしようもない」という顔をするので、余計に焦って理解できなくなる。

また、通常使われる用語にも慣れていなかった。食器を表す「ボーンチャイナ」という言葉に対して、「私は日本人で中国生まれではない」ということを力説していた。

では、今はどのように学会報告を行っているか。それは、英語を話せないことに対して開き直っているのである。今般、研究は共同研究がほとんどである。そこで英会話ができる弟子と一緒に共同研究をして報告することにした。しかし、弟子たちも忙しくなり、いつでも共同研究をしたり海外で一緒に報告したりできるとは限らない。

そんな折、大きな都市であれば日本語通訳の会社があり、そこに頼めば事足りると分かった。大きな都市では多くの学会が開かれている。そうした学会に対応するために、学会レベルの通訳ができる人を常駐させている。そのような人に2時間ほどの通訳を依頼する。学会にも出席していただき、英語での質問を日本語に翻訳していただく。そして、筆者が日本語で回答した内容を英語で説明していただく。

学会なので一度に三つくらいの質問をされることもある。日本語でさえ覚えておくのが難しいのに、まして英語で記憶するのは困難を極める。しかし、プロの通訳者は質問を三つとも的確に翻訳してくれる。通訳者は単に英語と日本語を理解して話せればよいのではなく、このような技能も持ち合わせている。餅は餅屋という言葉がある通り、思いきって苦手とする英語を他人に委託してしまうのも手段であろう。筆者は経済学の研究者であり、通訳者ではないと自分に言い聞かせている。

一口メモ⑦　アンカー効果

通訳のいない海外の地方都市で学会が行われるときは困難である。筆者（水野）は、かつてナイアガラのあるバッファローの近くのロチェスターという町（ロチェスター工科大学）で学会があった際、近くの大都市であるシカゴで通訳を依頼しようと見積もりをとったことがある。その金額はなんと5千ドル（当時で約50万円）であった。たった30分ほどの通訳時間であるが、通訳者の移動距離などを考慮するとそのような金額になってしまうようである。

さすがに無理と判断し、弟子のひとりにすべての費用とアルバイト代を支払い、日本から参加してもらうという手段をとった。それなら半額で済んだのである。1人分の旅費等で約25万円であり、それも決して安い金額ではない。しかし、その前に5千ドル（約50万円）の見積もりを見せられていたので、安く感じた。

これは行動経済学でいうアンカー効果（アンカリング効果）である。アンカーとは碇を意味し、最初にアンカーを下ろした点が、その人の物事を判断する基準になる。筆者は50万円の費用を基準に考えていたため、25万円が安く感じられたのである。

　これはマーケティングなどにも応用される。例えば、正価が二重線で消されて値引き後の価格が記載されていると、衝動的に買いたくなることはないだろうか。正価が無意識のアンカーになり、それを意識して行動してしまう。最初に見た価格に碇（アンカー）を下ろしてしまい、真っ白な状態から値引き後の価格を見ることができなくなってしまうのである（なお、このアンカー理論をキャリア成功のコツとして捉え直した概念として「キャリアアンカー理論」がある。48頁参照）。

(2)　英会話は分業するのがよい

　英会話が得意でないので他人に頼る。情けないように思えるが、社会での役割分担、いわゆる分業になる。何でもひとりでやってしまうのではなく、それぞれが得意分野で能力を発揮していくべきだというのが経済学の基本的な考え方である。法律のことは弁護士に頼む、会計のことは税理士・会計士に頼む、医学のことは医者に頼む、当然のことであろう。

　それが英語となると、なぜか専門家に任せるという発想が希薄になる。「ある程度の計算は数学者でなくてもできないと困る」という反論につながるのであろうが、英語が苦手な人にとっては分業も重要な手段と思える。今後は機械による分業がより普及するであろう。工場では、人は立って監視しているだけで、様々な機械が分業により製品を生産している。そんな光景の画像を読者も見たことがあるであろう。

英語の通訳・翻訳について、未来は次のように変わると筆者は予想している。

第一に、ICT技術を活用して、日本にいる通訳者に海外での通訳を行ってもらうことも可能であろう（現在も行われているが、より精度の高いものになるであろう）。携帯用のWi-Fiさえ持っていけば、海外であってもパソコンやスマートフォンでインターネットに接続することができる。学会会場などにはWi-FiのIDやパスワードの案内がある。ZOOMのようなオンライン会議のソフトも登場しており、日本にいる通訳者に海外で逐次通訳や同時通訳をお願いすることも可能であろう。新たな時代がやってくる。なお、学会や会議の開催をオンラインに限定するという手法もある。コロナ禍では日本・海外ともに学会の大半がオンラインで開催された（研究者のなかには、ここぞとばかりに海外の学会に出席した人もいるのではなかろうか）。オンラインで開催されるのであれば、国際学会であっても海外まで行く必要がなくなる（ただし、学会の魅力は他の研究者との交流であり、それが失われてしまうデメリットは大きいかもしれない）。

第二は、自動通訳機をよりいっそう活用することである。自動通訳機はすでに市販されているものの、まだまだ発展途上である。といいつつも、日常会話であれば無理なくこなせるともいわれる。これが今以上に進歩したならば、きっと重要な会議などでも活用できるであろう。日常会話と違い、会議では専門用語が飛び交う。日常会話を対象にした翻訳だと難しいものの、ある一定の専門用語さえインプットしてしまえば、翻訳しやすい内容になるのではなかろうか。さすがに今時点の自動通訳機だけでは頼りないが、筆者は数年後には自動通訳機による学会発表をできるように試みている。

これからの海外交流は、自身が英語を話せなくても遠隔で通訳をしてもらう、自動通訳機に通訳してもらうということが可能になるであろう。英語ができないという負効率が大して問題にならない時代が近づいていると思われる。海外旅行においてもビジネスにおいても、機器、ソフト、アプリの開発により、通訳が自身とどう一体化されていくのであろうか。楽しみである。

(3)　海外調査での分業例

英会話以上に日本人にとって苦手なことがある。外国人を前にすると萎縮してしまうことである。外国人というよりも英語に怖気づいてしまう。そこで英語に怖じ気づかないために小学校から英語教育をえんえんとするということであるが、英語に怖じ気づかないようにするためには、その目的に合った教育をするべきである。

筆者（水野）のゼミナールは２０１９年にニュージーランドのクライストチャーチを訪れた。日本との経済交流についてどれくらい認識しているかをニュージーランドの人々に聞き取り調査したのである。しかし、ゼミナールの学生13人のうち英語が話せるのはたった1人だけであった。他方、クライストチャーチには橘学苑高等学校の国際コースに所属する高校2年生が半年間留学していた。その高校生11人に通訳をお願いしたのである。彼らは各自違う家にホームステイしながら現地のハイスクールに通っていた。

大学生が作成したアンケート票を持って、4グループに分かれて街頭調査を行った。ニュージーランドの人たちは親切で、街角で突然インタビューを受けても拒否することなく、全員が親切に回答してくれた（日本とは大違いである）。大学生はアンケート票を作成、アンケート結果を分析、高校生は英語を通訳するという役割分担（分業）を行った。

大学生が高校生に通訳を任せると聞くと、情けないと感じられるかもしれない。しかし、大学生が英語の勉強に時間を充てていたとしたら、今回のようなアンケートや分析は行えなかったであろう。有限な時間のなかで最大限の研究を行おうとすると、情けなく思われようが、必然的に分業の体制になるのである。

結果として2日間で100人分のアンケート結果を集めた。統計理論的には400程度はほしいところであったが、2日間という時間で100人から集計できたことは評価できるであろう。

せっかくなので回答の一部を紹介しよう。ニュージーランドの人々に「日本からの輸出品を知っているか」と聞いたところ、大半の答えは自動車などであったが、一部に和牛という回答が紛れていた。大学生や高校生らは、牛肉は日本がニュージーランドから輸入しているものと思っていたようだが、一部は日本からニュージーランドに輸出されており、しかも人気があることに驚いたようであった。

この取り組みを通じて伝えたかったのは、分業で研究することの重要性である。大学生には英語ができる人と一緒ならばコミュニケーションに不自由しないことを、高校生にはアンケート票の作成やアンケート分析の手法について大学生から学んでほしいと考えていた。

英語を扱うことができないと海外で自信をなくしてしまう。すると海外での行動範囲が狭まってしまう。調査などの目的を持った人と英会話ができる人とがタッグを組めば、海外での調査も簡単に行える。さらに英語については、翻訳機器の使い方さえ知っていれば済むという時代がすぐそこまで迫ってきている。人による分業ではなく、機械による分業に置き換えられる日も近い。今後は英語圏以外の国での聞き取り調査も翻訳機器を用いれば可能になるであろう。

負効率が大きければ大きいほど、それを解決するためのイノベーション力は強くなる。英語に関する負効率は社会にプラスの分業を生み出す可能性がある。このような分業が可能になる時代が近いにもかかわらず、小学校から英語教育に力を入れていくのはいかがであろうか。アンケート票を作成し、実施し、そしてそれをどう分析するかを考えられる力を育成することの方が望ましいのではないか。

(4)　経済理論的な説明――『国富論』から

分業の必要性を最初に唱えたのはアダム・スミスの『国富論』とされている（社会事情を鑑みるに、それ以前にも誰かしらが主張していたことであろう）。国を富ませるために分業により作業を行うことを主張した。分業の最たる魅力は生産性を高めることである。ひとりの人間が行える作業は限られているし、それぞれの得手不得手もまちまちである。そのため、ひとりが何から何まで行うよりも、作業を段階分けして複数人で受け持つ方が、多くの数量を生産することができる。

仮にひとりでパンをつくろうとすると、小麦を植えて、育てて、収穫して、脱穀して……という作業に始まり、小麦粉を練って、焼いて、販売するという多岐にわたる作業をこなさなければならない。小麦を生産するのは農業者、パンをつくるのはパン製造者と分けた方が、それぞれの専門性を活かすことができ、良質な製品をたくさん生み出すことができる。そもそも交換経済が成立した段階で分業に焦点があたることは必須だったようにも思える。

しかし近年、日本では蕎麦やうどんを店内で打ち、その場で茹でて提供するという形態が人気を博している。客もそのような店を求める傾向がある。分業が進み、国が富んだ先には、かえって負効率こそが商品になる。

先進国では手づくりの品が高値で取り引きされるのに対して、新興国では機械でつくられた製品の方が高値で取り引きされている。これは労働者に支払う賃金の額の違いという見方もあろうが、富んだ国ほど負効率に価値を置くと考えることもできるであろう。完璧（＝機械が製造したまったく同じ商品）であるよりも、多少、何かしらが抜け落ちていた方が「味があってよい」という意見も耳にする。国富の指標を国民が負効率を求める度合いに置くことも、一定の合理性があるかもしれない。

3　英会話義務教育化への疑問

(1)　ＡＩの時代に英語教育は必須か

10年後には、翻訳機器は予想できないほどの進歩を遂げているであろう。ＺＯＯＭ画面の下では字幕で翻訳が行われているかもしれない。日本語で発言しても勝手に英語に翻訳されて相手に伝わっているかもしれない。そんな妄想すら湧いてくる。

このような時代に、英語コミュニケーションを義務教育とすることは必要であろうか。しかも、小学生のうちから必修で行われようとしている。早い段階から英語教育に重点を置くことは、英語力による学歴の格差をよりいっそう開かせることになろう。義務教育ではなく、教養教育として英語を学ぶことには大きな意義があるが、やはり疑問を抱いてしまう。

従来のような英語の文章であっても自力で読めなければならないという教育ではなく、翻訳ソフトが存在することを前提にした新しい英語教育の方に価値があるのではないか。英語力を深めるというよりも、道具を使って英語を活用できるようにする能力を養う必要があると筆者は考えている。現在の若者はデジタルネイティブといわれ、一昔前の世代よりもデジタル機器を使いこなせる。しかし、若者がデジタル機器の仕組みをすべて理解して使っているわけではないであろう。「扱える」ということがまず重要になる。

「理解してから使おう」という発想は非常に重要であるが、今般、ＡＩの知能は部分的には人間をはるかに凌いでいる。ＡＩを理解してから使うという発想ではなく、ＡＩをどう効率的に活用するかという方向に考えはシフトしている。なぜ英語教育はそのような方向に向かわないのであろうか。

自国語を正確に扱えることがまず重要であり、その後に他国語であろう。翻訳機が英語を日本語に訳してくれたとしても、その日本語の正確性を判断できないのでは意味がない。今後は英語以上に日本語でのプレゼンテーション能力が意味を持つ。例えば、主語と述語を対応させて書くことは文章の基本であるが、それすら身についていない学生も多い。テレビや映画の発達に比例して、日本では読書がおざなりになってきたという人もいる。

「日本人が正しい日本語に触れる機会が少なくなってきた」ということには、もう何年も前から警鐘が鳴らされてきた。日本人が正しい日本語から離れつつあるのである。

ＳＤＧｓの「すべての人々への包摂的かつ公正な質の高い教育を提供し、生涯学習の機会を促進する」の「２０３０年までに、全ての若者及び大多数（男女ともに）の成人が、読み書き能力及び基本的計算能力を身に付けられるようにする」[*3]は、新興国の話に限らないのかもしれない。読者には、日本人として日本語を優先して学び、さらには数学や経済などの技能を高める知識を身につけることをお勧めしたい。

(2) 経済理論的な説明――言語と経済

英語習得の度合いが経済に影響を与えるかどうかの研究はすでにある。日本人の英語が上達すれば、それに応じて経済成長も大きくなるという。ただし、結論には判然としない部分もあり、英語能力が賃金や出世に影響するかどうかは判定しにくいという。

寺沢（Terasawa 2011）の分析によると、英語圏の国においては、英語（母国語）能力が高いと一流大学に入学でき、それにより相対的に賃金や出世の面で有利になるという。母国語能力の問題というより、一流大学に入れたという事実、要するに学歴が、その後の人生で有利に働いているのであろう。ところが日本では、日本語を扱う能力がその人の社会的活躍に影響するか、経済に好影響を与えるか、といった研究はほとんどない。

このように言語が経済に影響を与えているかどうかという研究はないが、経済が言語に影響を及ぼしているという研究は存在する。森（２０１４）は、言語と経済の二面性を指摘している。クルマス（１９９３）を紹介し、「言語には富を背景にして普及していくという経済性」と「言語自身が自律的に効率化していくという経済性」があると述べている。実証的分析として「共通語化率が経済成長率に連動して変化する」という結果を得ている（森 ２０１４：２５１）。経済が成長することにより共通語が増えてくるという意味である。これが、経済が言語に与える影響である。「言語の習得→経済の成長」という方向性ではなく、「経済の成長→言語の効率化・多様化」だというのである。

結局、日本の国民の英語能力が向上すれば経済はより成長するという研究はこれまでなかった。英語ができないことが日本にとっての負効率と見なされがちだったが、必ずしもそうではないようである。

一口メモ⑧　翻訳アルバイトはもう要らない？

筆者（水野）は大学院生のとき、大手企業でのアルバイトで、外国ジャーナルの英語論文を読んでその内容を社員に解説するという経験をした。大手企業の社員は論文を読む時間がないし、経済学の内容なので、解説が必要だったのであろう。今や翻訳ソフトが普及しているので、このような論文もひとりで読もうと思えば読めないことはない。多少なり不正確な訳であってもその業界のプロならば内容を把握できるであろう。今や翻訳アルバイトを雇わなくてもよい時代になっているのかもしれない。

４　英語ができないという負効率を楽しもう

(1)　大人の英語への関心

前節は英語を勉強することを否定するものではない。英語の扱いに対するめまぐるしい変化を示したうえで、英語の勉強を楽しもうという結論につなげる前段である。先では主に義務教育における英語について述べた。次に、翻訳ソフトや自動通訳機が発展途上にある現在、大人が英語にどんな関心を示しているかを考える。

これについてはすでに報告された調査結果があり、それによると英会話の学習は大人にとっては必需事項というよりも、教養や趣味としての性格を持つようだ。表５-１は株式会社アスマークから無償提供されているアンケート結果（２０１４年２月27日（木）～３月３日（月））である。関東在住の１千人（男性５００人と女性５００人、年齢は20代から50代まで）に「外国語学習に関心があるか」について尋ねた結果である。

関心が「ある」と答えたのは、男性が23・６％、女性が39・０％であった。「少しある」を含めると男性が60％弱、女性が70％強になる。

表５-１　「外国語学習に関心があるか」に対する回答

単位：％

	ある	少しある	ない
全体	31.3	33.5	35.2
男性	23.6	34.4	42.0
女性	39.0	32.6	28.4

出所：アスマーク（2014）を参考に筆者作成。

現段階では外国語の勉強に関心を持つ大人が多いことが分かった。つまるところ、現段階では多くの人が外国語教育を必要と感じていることになる。英語といっても特に英会話が中心になるようである。

英語は世界の共通語なので、それさえ扱えれば世界の大半で通じる。外国人と交流できるという楽しみもある。英語で映画を見られるようになると、またとらえ方も変わってくるかもしれない。このように、アンケート結果によると、現段階では英語学習について大人たちの関心は全体的に高い。英会話の勉強は自己啓発の手段でもあるが、その先にある楽しみを達成するための趣味とも位置づけられているようだ（アスマーク　２０１４）。

(2) 英語の勉強を楽しもう

英語の必要性を感じて勉強する。つまり、今が未熟だと思うからこそ学習したいわけである。「英会話ができない」という負効率の状態だからこそ「勉強しよう」という気持ちになる。負効率が学習する楽しみを与えてくれている。負効率は、ある種のやる気を起こさせる原動力でもある。

英語は学ぶこと自体が楽しいという意見もある。日本人の大人にとって、このように英語は楽しむべきものなのである。我々（特に今の大人世代）は「英語」と聞くと学校の定期試験や入学試験を思い出してしまう。英語には、勉強の一環として、良くも悪くも苦しめられてきた。しかし本来、そのような苦しむべき科目ではないのかもしれない。

アメリカに行けば、みな英語を話している、３歳の子どもだって話している。我々も英会話を楽しめばよいのではないか。正確な英語が差し迫って必要なときには、前述のように自動通訳機を使う方法で今後はいくらでも乗り切れる。海外のスーパーのレジで早口の英語をまくしたてられたら自動通訳機を取り出して、そこに向かって話してもらえばよい。レンタカーを借りるときに英語で説明されても、自動通訳機に話してもらえばよい。将来は今以上に精度の高い通訳、翻訳をしてくれるであろう。いざとなれば自動通訳機に頼ればよいと考えるだけでも気持ちが楽になり、英会話を勉強することに対して楽しさだけが残る。

英会話では心が通い合えるようにすればよい。下手な英語でも心が通い合った経験を持つ人は多いであろう。身振り手振り、顔の表情で日常的な意思の疎通はできるし、心も通い合う。

コロナ禍で訪日外国人が一時極端に少なくなったものの、コロナ禍が落ち着けばまた多くの人が日本を訪れる。そうした人たちと積極的に話すのは楽しい。海外の人は、ほぼ間違いないといっていいほど、電車の切符を買うときに迷っているはずである。困っている外国人を見たら話しかけてあげよう。かつて英会話を学ぶ土俵はアメリカなどの海外にあったが、インバウンドが活発になった今、その土俵は自国にある。英語ができなくても下手だと思われても気にする必要は全然ない。相手を助けてあげようという気持ちが大切なのである。

英会話を楽しもうではないか。日本語と英語では主語と述語の位置がまったく異なるなど文法体系が異なっていることから、日本人は英会話が苦手にならざるをえないという負効率が発生している。しかし、この事実があるからこそ、英会話の勉強を楽しむことができる。英語の勉強を通じて、主語と述語の位置の違いなどのより多くの知識を習得できる。負効率が楽しみを増やしてくれるのである。

(3) 経済理論的な説明——英語と賃金の関係

英語の勉強は、ただ純粋に楽しめばよい。そこに給料が上昇することなどを求めるのは、少し違うかもしれない。生涯学習と賃金の関係について、ブランデンら（Blanden et al. 2012）の研究成果を坂下（2021）が次のようにまとめている。

坂下（2021）によると、ブランデンらが行ったのは、就業中の社会人が勉強して資格を取得した場合、そのことが賃金上昇に影響を与えるか否かの研究である。イギリスで1991〜2006年のデータを使って行われた。さて、ブランデンらによると、男性に関しては、確かに賃金は上がっているが、もともと賃金が上がっている趨勢があって、その途中での出来事（資格の取得）なので、資格取得と賃金上昇との間に直接の因果関係はないという結論になった。女性に関しては、その趨勢を除いても賃金の上昇が見られることから、資格取得が賃金の上昇にプラスの影響を与えているという。資格を持っている人が就業しているか、より技能の少ない状況から学習し始めたためであろうと分析している（Blanden et al. 2012）。

英語を生涯学習とするのであれば、賃金を上げるなどのキャリアアップのために行うのではなく、自己啓発のため、趣味のために行うのがよいと考えられる。

5　国語力の負効率は？

英語教育の必要性があることは否定しない。例えば国際交流の場面で英語は不可欠である。ビジネスでも文化活動でも英会話抜きに交流を行うことは難しい。それゆえに英語を操れる能力を養うことは今後も重要な要素になる。しかし、英語での会話、筆記、読解のすべてをひとりでできる必要性は薄らいでいく。ハードもソフトもイノベーションの時代であり、英語の習得と活用をどのように位置づけるかが課題である。

小学生からの英語教育にどう取り組むのがよいか。英語ができないと、日頃の成績評価でも受験でも不利になる。日本の受験構造のいびつさが目立ってきた。英語を小学校で勉強し始めるより、世界に通用する人材育成の方法がほかにあろう。例えば文章ひとつにしても、適切な英語の文法を学ぶことも重要であるが、どうすれば読者に適切に伝わる日本語文が書けるかという勉強も重要であろう。どのような順序で説明し、どのように具体例を挟むのがよいかなど、まずは自国語でノウハウを習得する必要があると筆者は考える。そして、そのうえでそれを英訳して海外の人に伝えるような技術が、今後は求められるのではないか。

イノベーションで進展した機械ができることに力を入れるというよりはむしろ、機械では達成が難しいであろうことに注力し、その点を伸ばす教育をしていくことが望ましいであろう。仮に英語を勉強するとしたら、それは楽しみながら行うことを推奨したい。

注

＊1　この知人は2022年現在、明治大学研究・知財戦略経済教育研究センターで客員研究員をしている臼井悦規氏である。しかし臼井氏はこの言葉を発した直後、カナダ、インドネシア、ドイツの国々を渡り歩くことになり、今では4か国語を器用に使いこなしている。今もドイツでビデオグラファーとして活躍している。

＊2　外務省「SDGグローバル指標　9：産業と技術革新の基盤をつくろう」『ジャパンSDGsアクションプラットフォーム』https://www.mofa.go.jp/mofaj/gaiko/oda/sdgs/statistics/goal9.html（2023年3月16日閲覧）。

＊3　外務省「SDGグローバル指標　4：質の高い教育をみんなに」『ジャパンSDGsアクションプラットフォーム』https://www.mofa.go.jp/mofaj/gaiko/oda/sdgs/statistics/goal4.html（2023年3月16日閲覧）。

参考文献

アスマーク　2014「外国語学習に関するアンケート調査」『マーケティングリサーチでお客様の意思決定に貢献する――高品質かつスピーディーなアスマークのリサーチサービス』2014年2月1日、アスマーク、https://www.asmarq.co.jp/data/mr201402english/（2022年12月31日閲覧）。

クルマス、フロリアン　１９９３『ことばの経済学』諏訪功・大谷弘道・菊池雅子訳、大修館書店。
坂下史幸　２０２１「生涯学習やリカレント教育の経済的な効果に関する研究事例」『EBPM Report』独立行政法人経済産業研究所、２０２１年３月29日、https://www.rieti.go.jp/jp/special/ebpm_report/013.html（２０２２年１月１日閲覧）。
佐藤栄一郎　２０２０「英語力がもたらす経済効果」『財務総研スタッフ・レポート』２０２０年11月10日（No. 20–SR–16）、https://www.mof.go.jp/pri/publication/research_paper_staff_report/staff15.pdf（２０２１年12月30日閲覧）。
寺沢拓敬　２００９「英語格差の実態――英語スキルが労働賃金に与える影響」『日本教育社会学会大会発表要旨集録』61、45～46頁。
松繁寿和　２００２「社会科学系大卒者の英語能力と経済的地位」『教育社会学研究』71、１１１～１２９頁。
森秀明　２０１４「言語は経済に連動して変化する」『第５回コーパス日本語学ワークショップ予稿集』国立国語研究所、meeting/files/JCLWorkshop_no5_papers/JCLWorkshop_No5_30.pdf（２０２２年12月31日閲覧）。
Blanden, J., Buscha, F., Sturgis, P. and Urwin, P. 2012. Measuring the Earnings Returns to Lifelong Learning in the UK. *Economics of Education Review* 31, pp. 501–514.
Hejazi, W. and Ma, J. 2011. Gravity, the English Language and International Business. *The Multinational Business Review* 19(2), pp. 152–167.
Ku, H. and Zussman, A. 2010. Lingua Franca: The Role of English in International Trade. *Journal of Economic Behavior and Organization* 75(2), pp. 250–260.
Lee, C. G. 2012. English Language and Economic Growth: Cross-Country Empirical Evidence. *Journal of*

Economic and Social Studies 2(1), pp. 5–20.
Terasawa, T. 2011. English Skills as Human Capital in the Japanese Labor Market: An Econometric Examination of the Effect of English Skills on Earnings.『言語情報科学』９、１１７～１３３頁。
Ufier, A. 2016. The Impact of English Language Skills on National Income: A Cross-National Comparison.

第6章　大相撲の負効率
——伝統とイノベーションのせめぎあい

1　効率化の対極にある伝統

従来の経済学の理論では、効率化の下で経済が成長したという仮定がなされる。例えば、分業が進むことで生産は効率化する。品質の安定した製品が市場に多く供給され、さらには市場価格も低下する。消費者はより安価で財を購入できるようになり、社会全体が幸せになる。これが従来の経済理論の基本的な考え方である。

しかし、経済社会においてすべてが効率化を目指しているかというと、そうではない。効率化を求めることの対極として、伝統を重んじるという考え方があげられるかもしれない。そこで本章においては伝統を重んじる典型として大相撲について論じよう。

日本の国技でもある大相撲は昔からの伝統を尊重し、維持してきた。例えば力士は数秒の取り組みを1日1番、行司は原則として1日2番しかとらないという伝統が存在する（優勝決定戦の最終日、千秋楽の日に例外として3番が行われることがある）。この伝統は負効率といえるであろう。力士はやろうと思えば1日に2番以上を行えるであろうし、行司も1日に3番以上行えるだろう。しかし、大相撲は昔から続くこの伝統を重視している。負効率である伝統を希少なサービスとして提供してきたのである。

近年、グローバル化により大相撲も国際化の波に揉まれてきた。そのなかで伝統文化を守るため、どのようなイノベーションを行ってきたのか。大相撲のイノベーションに目を向けてみよう。

大相撲を参考にすると、ビジネスを考えるとき、何も効率性と進化を求めるイノベーションだけでなく、「一度後退する、耐え抜く」というイノベーションも重要であることが分かる。結果として「何もしない」ということが最善の選択であることも少なくない。大相撲は伝統を継承するために世の中の変化に抗ってきた。その意味を考えたい。

SDGsの「働きがいも経済成長も」の目標に「商品やサービスの価値をより高める産業や、労働集約型の産業を中心に、多様化、技術の向上、イノベーションを通じて、経済の生産性をあげる」[*1]がある。大相撲はまさに労働集約的な興行である。SDGsはこの労働集約の改善を求めているが、大相撲は労働集約型の体制のまま、多様化、イノベーションを進めるという至難の技を実行してきた。この労働集約型の体制は伝統のひとつとして長く引き継がれてきたのである。

2　大相撲にイノベーションはあるのか

日本では人気スポーツがいくつもあるが、国技として知られているのは大相撲である。大相撲といえば日本国民なら誰もが知っている。公益財団法人日本相撲協会が興行として行っており、１場所あたり15日間で、年間６回の本場所がある。その本場所はテレビで生中継され、その日の勝敗はニュース番組や新聞でも取り上げられる。

大相撲は日本の国技といいつつも、「国技」の意味を知る日本人は少なくなってきた。国技とは「その国特有の技芸」（広辞苑）、「その国に古くから伝わり、その国を代表する競技」（大辞林）、「ひとつの国の特有な武術、または趣味を発揮した技能、芸能のこと」（日本大百科全書（ニッポニカ））である。要は、外来でない歴史ある日本の競技ということである。

大相撲の伝統は何百年も継続している。裸と裸の人間がぶつかりあうだけで、そこに大きなイノベーションがあるようにも思えない。だが、非常に長い間、継続している。国民に飽きられないだろうかと不思議である。実はこれまでに大相撲ならではのイノベーションがあった。

近年は外国人力士が多く活躍している。国技なのに外国人が多いのはどうなのか疑問が湧くこともあった。しかし伝統というのは形を変えないで続けていくと、いつか破綻する。老舗のレストランなどと同様である。時代に合わせて変化させていかなければならない。グローバル化された現在、どのスポーツにおいても外国人の採用枠が広げられている。大相撲でも外国人力士が増えるのは自然なことである。

ＳＤＧｓの「働きがいも経済成長も」のなかで「２０２０年までに、若い人たちの仕事についての世界的な戦略をつくって実行する」[*2]を大相撲はすでにグローバルに実行している。大相撲において外国人力士が多いことを批判する人は少ない。それどころか、日本人の相撲ファンは日本人力士だけでなく外国人力士も分け隔てなく応援する。その姿は海外からも高く評価されている。

3　大相撲の負効率性

⑴　行司の抱える負効率

近代化してきたといっても、そもそも大相撲は裸と裸のぶつかりあいであり、原始的である。経済学が求めるような効率性からは遠く、負効率な部分を多く持つ。

現代社会で我々は効率性の追求ばかりに目が行き、無駄なことを省きがちである。大相撲も負効率に甘んじてただ伝統を守り続けているわけではない。変わる努力、つまり負効率なりのイノベーションも欠かさなかった。そこで、どのようなイノベーションが実践されてきたのかを見てみよう。だがその前に、まず大相撲の負効率をあげてみよう。

負効率その1

わずか数秒の取り組みに対して何分間も仕切りをしている。仮に取り組みを連続して行えば、観客もテンポよく楽しめるうえ時間を短縮できて効率的である。しかし、仕切りの間を楽しむのも大相撲の醍醐味のひとつである。特に優勝がかかっている場合、贔屓にする力士が登場する一番では、仕切りの間に観客は期待と興奮の入り混じった空気を楽しんでいる。テレビのアナウンサーや解説者はそこを盛り上げられるか否かの手腕が問われる。

他方、海外でこのようなスポーツは見あたらない。日本で紹介されないだけかもしれないが、あまり思いあたらない。大相撲のように競技の場を清めるため、および礼のために合間をとる競技は希であろう。大相撲の魅力はこのような負効率を楽しむところにもある。

SDGsの「質の高い教育をみんなに」の目標のひとつとして「2030年までに、持続可能な開発のための教育及び持続可能なライフスタイル、人権、男女の平等、平和及び非暴力的文化の推進、グローバル・シチズンシップ、文化多様性と文化の持続可能な開発への貢献の理解の教育を通して、全ての学習者が、持続可能な開発を促進するために必要な知識及び技能を習得できるようにする」[*3]があり、文化の多様性を教育する重要性が謳われている。大相撲はこの文化の多様性を学ぶ社会教育にあたるであろう。

負効率その2

行司は基本的には1日2番しか取り組みを担当しない。行司の顔ははっきりと見えないため気づきにくいが、実際のところ2番ごとに入れ替わっている。多くの人が「なぜ?」と疑問を持つであろう。

このような疑問を持つのは、すなわち負効率が発生していることの現れである。負効率とはミクロ経済学の余剰分析における死荷重である。死荷重が発生するというのはパレート最適ではない状態であり、多くの人が無意識のうちに「もっとよい方法がある」と考えるからである。なお、本書は経済理論を扱うために行司が2番ごとに替わる理由は説明しない(気になる人は別途お調べいただきたい)。

AIやインターネットの進化は、人の雇用を奪う危険性があるといわれて久しい。一説によると2030年から2040年までの間には現在の雇用の7~9割がロボットに取って代わられるという予測すら存在する(諸説あるため数字は範囲を持たせている)。ただし、その頃には全国民がベーシックインカムといわれる無条件で得られる給与(不労所得)を得ているともいわれる。不労所得と聞くと一瞬嬉しいと感じてしまうが、そうなると人間はますますロボットに頼り、能力が退化していくのではないかと危険性すら感じる。そして人類が経済効率性を追求していくと、将来的に人間そのものが要らなくなってしまうのではないかと恐しくなってくる。人間の存在こそが負効率の象徴などとなってしまうかもしれない。

筆者はそのような事態を防ぐ方法のひとつに伝統があると考えている。本章のテーマである大相撲では、他の方法をとれば効率よくできる場面であっても、「あえて人の手に頼る」という負効率な運営が行われている。一見同じに見える土俵も、実のところ場所ごとにつくりかえているようである。経済学的に考えれば、まさに負効率の典型であろう。しかし、ＡＩの進化により破壊されることが懸念される労働市場では、伝統という伝家の宝刀をもって最後まで安定的に残る貴重な労働のひとつである。20年後も土俵をつくっているのはロボットではなく人間であろう。

しかし、これらはどう考えても負効率である。それぞれを専門家に任せたり、外部の業者に委託したりする方が安く済む。外部委託すれば効率化され行司の人数も減らせてよいだろう。それにもかかわらず、行司に表の仕事も裏の仕事もこなさせている。質の高い作業、緊張を要する作業も折り混ぜており、仕事のやりがいを充実させているともいえよう。

(2)　経済理論的な説明――行司の需要と供給

図６-１は行司の労働市場を表している。右下がりのDは相撲協会が必要とする行司の需要曲線である。右上がりのSは行司になりたい人たちの数である。現状の需要曲線と供給曲線を

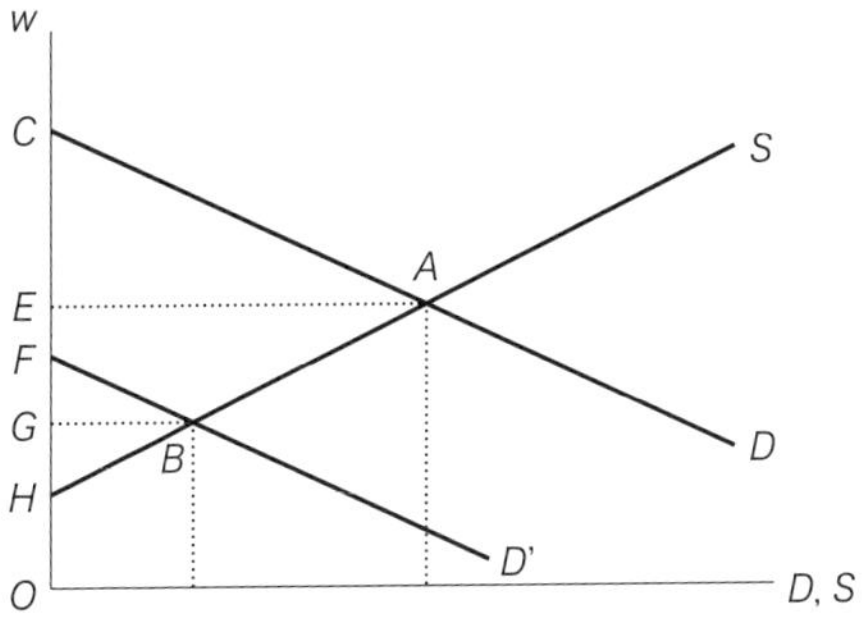

図６-１　行司の需要と供給

それぞれD、Sとしよう。図6-1において外部委託を行ったり、ひとりひとりの行司を専門化したりすれば需要曲線は最初のDからD'のように左下にシフトする。それにより総余剰は△ACHから△BFHに縮小してしまう。

大相撲は余剰を減らさないために、あえて負効率の手段を選択して、行司の数を安定的に保ってきた。総余剰を大きくすることにより伝統を受け継ぐ人材を確保してきたといえる。

このように大相撲の特徴のひとつは、伝統文化を維持するために行司の仕事に負効率を導入し、伝統文化の継承に成功しているという点である。

一口メモ⑨　初頭効果とピークエンド効果

行動経済学には初頭効果とピークエンド効果という概念がある。初頭効果というのは最初に抱いた印象が長く持続する効果である。ピークエンド効果でいうピークとは、大相撲であれば観戦中のピークに抱いた印象（主に好印象）が長続きすること、そしてエンドとは最後の印象が長続きする効果である。これらの効果が総合されて全体の印象が形成される。

大相撲の仕切りの間はまさに初頭効果である。観客はこの数分の間、今までの勝敗情報をもとに思う存分に想像することを楽しんでいる。そしてピークは実際に相撲をとっている数秒間であろう。観客はこの瞬間に楽しさの絶頂を迎えるのだ。そして、終了後には勝負の余韻を楽しむ。大相撲の人気の背景には行動経済学の理論が活かされていると筆者は考えている。

この初頭効果やピークエンド効果は、大相撲だけでなく我々の生活にも当てはまる。ある出来事を印象に残したいような機会においては、最初とピーク、エンドを盛り上げるのが効果的である。人前で行うようなプレゼンテーションでも同様である。自分の主張を聴衆の心に残らせるには、だらだらと話をするのではなく、自分の主張したいところで盛り上がりを見せるよう工夫する。そして、終わり際にもう一度盛り上がりを見せて人々の印象に残るようにすることが大切とされている。

4　大相撲が実践したイノベーション

近年、大相撲は人気を取り戻している。一時期、人気が低迷したが、紆余曲折をたどり、現在に至っている。大相撲では過去にイノベーションに取り組んだことにより課題にぶつかったが、その課題を乗り越えて現在の人気がある。その意味で高く評価できるのではなかろうか。

(1)　外国人力士の受け入れ

外国人力士登用と人気低迷の時代

大相撲のイノベーションとして外国人力士の受け入れがある。

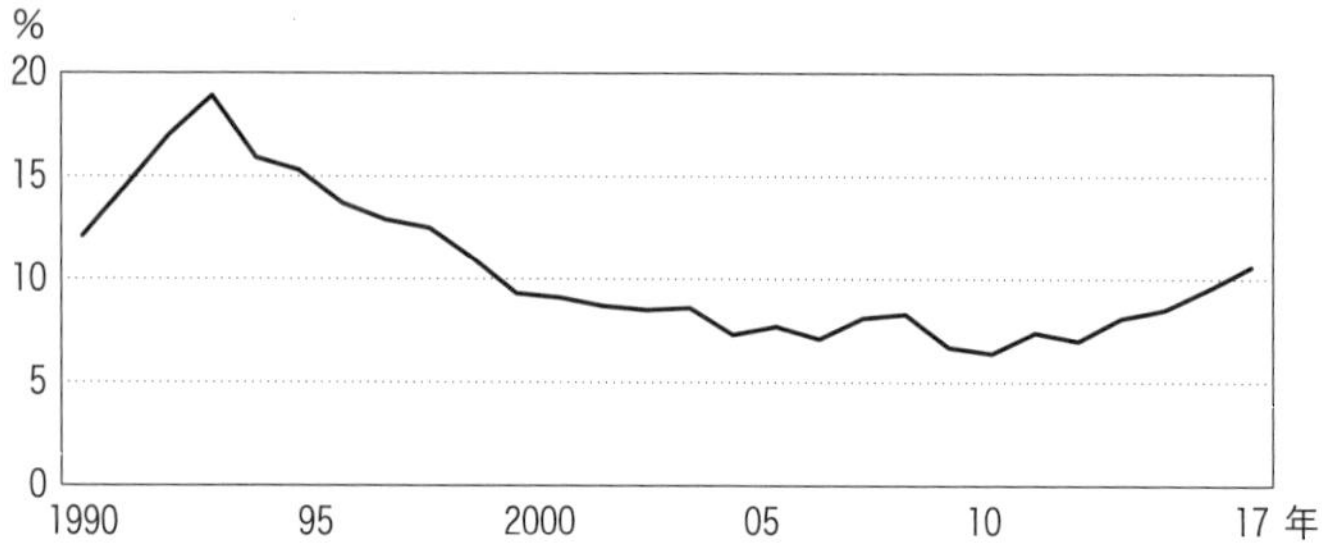

図6-2　大相撲中継の年間平均視聴率の推移

出所：＊5を参考に筆者ら作成。

ＳＤＧｓでは「働きがいも経済成長も」のなかに「２０３０年までに、若者や障害者を含むすべての男性及び女性の、完全かつ生産的な雇用及び働きがいのある人間らしい仕事、ならびに同一労働同一賃金を達成する」[*4]とあるが、多くの伝統を持つ大相撲がそれにいち早く取り組んだことは驚きである。

また、外国人が日本で活躍するのは歓迎できることであろう。そうでなければ外交も経済も成り立たない時代である。

しかし、外国人は日本人と比べて体格がよく、体力もある。そのため外国人力士ばかりが活躍してしまい、日本人力士が遅れをとってしまっている点は否めない。

図6-2を見られたい。本場所のＮＨＫの年間平均視聴率の推移である。[*5]若貴人気に湧いた20％近い視聴率の時代の後、１９９４年を頂点として長らく下降傾向にあった。外国人力士活躍の全盛時代、大相撲の人気は低迷し、視聴率は一桁台まで落ち込んだ(切磋琢磨して活躍した外国人力士には失礼な物言いになってしまい恐縮である)。

しかし、伝統ある大相撲をこのまま衰退させるわけにはいかない。

行動経済学にはサンクスコスト効果という概念がある。人はこれまでに投じた費用を無駄にしたくないと考え、意地でもそれを継続しようとしてしまう。サンクスコスト効果は悪い意味で使用されがちであるが、伝統を保持したいと考えるのはサンクスコスト効果に似ている。サンクスコスト効果はいうまでもなく負効率である。

一口メモ⑩　サンクスコスト効果

これまでに投じた費用（物理的な費用、心理的な費用）が大きいために引くに引けないことを指す。よい意味では、それまでに投じた費用を何とかして回収したいとプラスの行動をとる。しかし、マイナスの行動としては、多額の開発費を投じた製品を、たとえ粗悪でも販売し続けるという現象が起きる。

かつてイギリスとフランスが共同開発した航空機にコンコルドと呼ばれるものがあった。速度は速いけれど、騒音が激しく、乗り心地も悪いという悪評の高い飛行機であった。しかし、開発に投じた巨費を無駄にできないと考え、その後何十年も飛び続けた。そのためサンクスコスト効果は別名コンコルド効果とも呼ばれている。

外国人力士登用の効果

大相撲は人気低迷の時代も外国人力士登用の姿勢を貫いてきた。すると2014～15年あたりから人気が回復し、ときに力士による暴行問題などが発生したにもかかわらず、17年にはNHK平均視聴率が10％を上回った。観客数も13年以降増え続けている。これは外国人力士を投入するというイノベーションを人気低迷期にも耐えながら続けた成果であろう。

現在、大相撲には多くの外国人力士が在籍している。最も多い国はモンゴルであるが、ほかにも、これまでジョージア、ブラジル、ブルガリア、ハンガリーなど様々な国の出身者がいたし、現在もいる。そして、外国人力士は日本人力士を凌ぐ強さを見せ、活躍をしてきた。

経済学にはマイナスをより大きなプラスで覆ってしまい、あわよくばプラスの方向性に向かわせたいという考え方がある。ある事象がマイナスであるならば、それがマイナスであることを現実として認め、そのマイナスをプラスの方向に向かわせる方法を探るのである。つまり、仮に外国人力士が日本人力士の活躍の場を奪ってしまうという負効率を発生させたとするならば、外国人力士が在籍することが日本にとってどうプラスであるかを考えればよいということである。

外国人力士を積極的に登用したことは、まさにイノベーションである。外国人力士登用のおかげで、結果として日本は諸外国とつながることができた。モンゴルは、かつては日本人にとって馴染みの薄い国であったであろう。だが、今やモンゴルに関する様々な情報が日本に入ってきている。モンゴルの政治についてのニュースも日本で流れている。ジョージアも身近な国になっている。一昔前ならばアメリカのジョージア州と区別のつかない日本人も多かったであろう。エストニア出身の外国人力士把瑠都《ばると》はバルト三国を身近な国にした。これらの国々もまた、日本をより身近に感じてくれるようになったようである。特にモンゴルからは、大相撲での活躍を目指し、多くの若者が日本の相撲部屋の門を叩いている。

外国人力士の積極的な登用による日本全体へのプラスは、大相撲で日本人力士が優勝しなくなるというマイナス以上に大きなものであったといえるであろう。大相撲が日本にもたらした大きなイノベーションといえる。そして最終的に、日本人が諸外国に親しみを持ち、各力士にも親しみを持つ形で大相撲人気が回復したと考えられる。これはまさに「急がば回れ」のイノベーションの成功例であった。

(2)　地方巡業の増加

新たなファンの掘り起こし

大相撲は、本場所と呼ばれる年6回の興行と、全国各地での出張興行である地方巡業によって構成されている。年6回の本場所は東京で3回、大阪、名古屋、福岡で各1回開催される。それに対して地方巡業は日本各地のイベントとして行われるもので、1年間の回数は決まっていない。大相撲の力士と地域の人たちとが身近に接することができる貴重な機会だ。この地方巡業の開催回数は近年増加傾向にある（ただしコロナ禍以前）。

巡業では、稽古、取り組み、握手会、土俵入り、横綱土俵入りなどが行われる。巡業には地元の人たちが集まり、彼らにとってはテレビでしか見る機会のない力士たちを間近に見ることができる貴重な機会である。行程は基本1日で行われ、4月には春巡業、8月には夏巡業、10月には秋巡業、12月には冬巡業が行われる。

２０１７年の地方巡業の回数は全部で73回、18年は89回であった。[*6] 10年前には年間31回ほどだったので、その回数は倍以上に増えている。[*7] 相撲協会は地域からの多くのオファーに応える形でこの地方巡業の回数を年々増やしてきた。その成果が報われたのであろう。身近に触れあえる機会が増えれば、自然と外国人力士にも親近感が湧く。外国人力士を応援しようという気持ちになる。初っ切りなどのお笑いの催しもあることから、巡業を通して、多くの人たちが大相撲に親しみを感じたことであろう。

この巡業回数の増加も各地の大相撲ファンと相撲協会が起こしたイノベーションといえる。人気を取り戻すためには新たなファンを掘り起こすことが重要である。巡業では地域の人たちが多く参加してくれるので新しい大相撲ファンをつくりだすことに成功した。大相撲人気が回復してきた理由のひとつに、力士たちを身近に感じ親近感を持たせる地方巡業の増加があげられる。

経済理論的な説明――巡業数とファンの人数の関係

図6-3を見られたい。右下がりのDは大相撲ファンの人数であり、いわゆる大相撲に対する需要曲線である。それに対して右上がりのSは大相撲イベントの回数であり、大相撲の供給曲線であ

る。DとSが交わる点Aが当初の大相撲ファンの人数だとしよう。

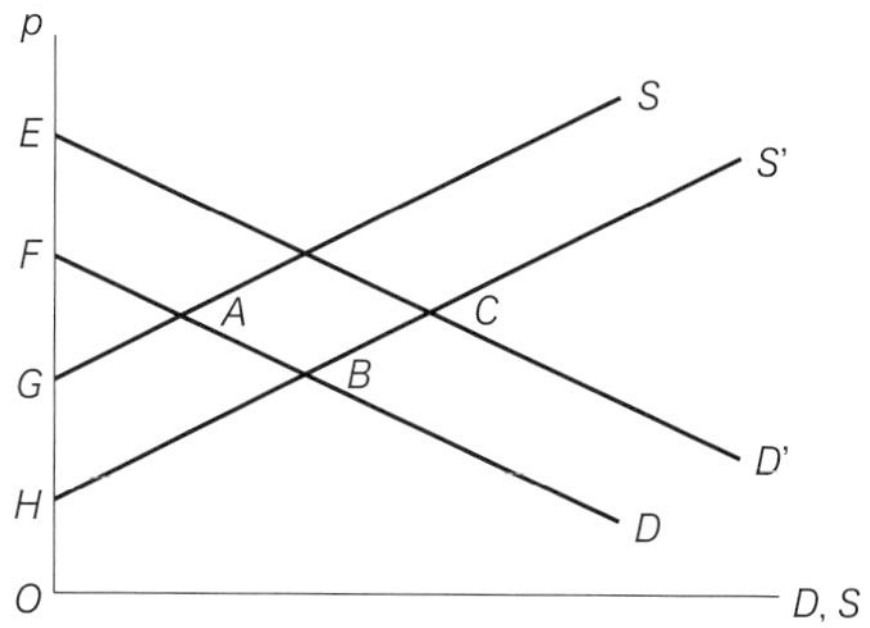

図６－３　巡業を増やすことの経済分析

相撲協会が巡業を増やしイベントの回数を増やすとすると、イベントの供給曲線がS'のように右下にシフトする。さらに巡業を増やすことで大相撲ファンが増えるので、大相撲ファンの需要曲線はD'のように右上にシフトする。その結果、新しい均衡点は点Cとなる。

大相撲ファンの人数は点Aのときに比べて点Cでは増加している。また経済効率性を測る指標である余剰分析においても、社会的総余剰が△AFGから△CEHへと大幅に増加している。つまり短期的には負効率とも考えられる巡業の回数を増やしたことが、結果として効率性を生み出し、プラスとなって表れている。

(3)　日本人力士の活躍

２０１７年に稀勢の里が横綱になるまでは、19年もの間、日本人の横綱は存在せず、外国人力士だけが横綱になっていた。横綱とは、大相撲の力士の格付けにおける最高位の称号である。やはり、横綱が外国人だけというときと、日本人がそこに加わっているときとでは、大相撲全体の人気が異なる。日本人横綱の登場は大相撲人気を上げる大きな要因となった。

筆者（水野）の研究室で外国人力士が活躍したときと休場したときの本場所の経済効果を比較したことがある。日本相撲協会の公表した「平成30年度収支予算書」のなかの「事業費」の項目を用いて「主催者運営事業費」と「会場整備費」をデータとして利用した。観光庁開発の産業連関モデルを活用して、外国人力士が活躍していた２０１８年3月場所と外国人横綱不在の同年7月場所の経済効果を算出した。*8 その結果、外国人横綱が不在のときの方が、2億円ほど経済効果が大きいことが分かった。つまり、外国人力士の活躍時よりも、日本人力士が活躍しているときの方が、経済効果が大きかったのである。

これは、言い換えると日本人贔屓が証明されたともいえる。外国人力士の活躍よりも日本人力士の活躍の方が相撲ファンから喜ばれたのである。

なお、イノベーションは非常に多義にわたる語であるが、なかでも目に見えるイノベーションと目に見えないイノベーションがあると筆者は考えている。大相撲には長期にわたって人気が低迷した氷河期が存在した。そんななか、外国人力士の知名度を上げたり、日本人力士が活躍できる土壌をつくったりしてきたことは、大相撲のイノベーションである。しかし、この際にはときに「じっと待つ」という時期もあったであろう。やみくもに活動を起こすばかりがイノベーションではなく、ときにはじっと待つ（耐える）ということが最大のイノベーションであることもある。

(4) 力士の待遇の改善

18年ぶりの給与改定

外国人が日本で労働してくれることを歓迎する意見があるのと同時に、外国人が日本人の仕事の機会を奪うことが懸念されている。それが顕著に表れたのが大相撲であったとも考えられる。人気低迷で給与の引き上げができず、日本人の人材確保に苦労したようである。

外国人力士に勝る日本人力士を登用するには、より高い給与が必要であったが、大相撲人気の低迷によりそれがままならなかった。実際のところ給与は18年間ほとんど据え置きのままだった。

外国人力士が多く活躍し始めた１９９９年頃と現在を比べてみよう。99年の新弟子数は１３７人であったが、２０１７年には74人と半減している。経済学理論に従って見ると、やはり給与が上がらないと労働者の新規募集は厳しいのであろうか。

２０１８年に18年ぶりに給与が改定された。幕内以上の力士の給与（月給）については、「財団法人日本相撲協会寄付行為施行細則」に詳しく書かれている。幕下以下の力士には月給は支払われない。ただし代わりとして「養成員場所手当」と呼ばれるものが協会側から支給されることになっている。

横綱の給与は２７４万円が３００万円に、幕内の給与は１２７万円が１４０万円に、というように名目で10％ほど上昇した*9（表6-1）。１９９９年消費者物価指数総合（２０１５＝１００）は99・

表6－1　力士の給与（月給）の改定

単位：千円

階級	1999年	2019年
横綱	2,820	3,000
大関	2,347	2,500
三役	1,693	1,800
幕内	1,309	1,400
十両	1,036	1,100

出所：産経新聞「18年ぶりに関取の給与を増額　日本相撲協会理事会」『産経ニュース』2018年11月29日、https://www.sankei.com/article/20181129-ZAP7P3IHORPDDLBDI23EYQBYR4/（2023年4月16日閲覧）を参考に筆者作成。

注：1999年『力士の給与』（平成11年度）と2019年（2018年11月29日理事会で18年ぶりに改訂）の力士給与。

各本場所の開催月より、各本場所の番附の階級により支給する。幕下は月給0円、対して十枚目は110万円の給料が支給され、まさに階級の違いひとつが、天と地の差になっているといえる。

8、2018年のそれは101・3であり、1・5ポイントの伸びであったので、8・5ポイント分（＝10％－1・5％）は実質的に給与が上がっている。つまり、実質賃金が上昇したのである。

経済理論的な説明――力士の需要と供給

図6-4は大相撲力士の労働市場である。力士の総数はほぼ決まっているので需要曲線は垂直になる。力士の需要曲線は日本人力士だけの市場では、均衡点は力士の需要曲線Dと供給曲線Sの交点Aである。外国から労働力を受け入れるとなると力士候補の供給が増え、供給曲線はS'にシフトする。

相撲協会の需要における余剰の大きさは縦軸と水平軸と垂直線AHに囲まれて無限大に見えるが、労働市場の需要側（相撲協会）の支出は日本人力士のみだった場合は□$ACOH$であったのに

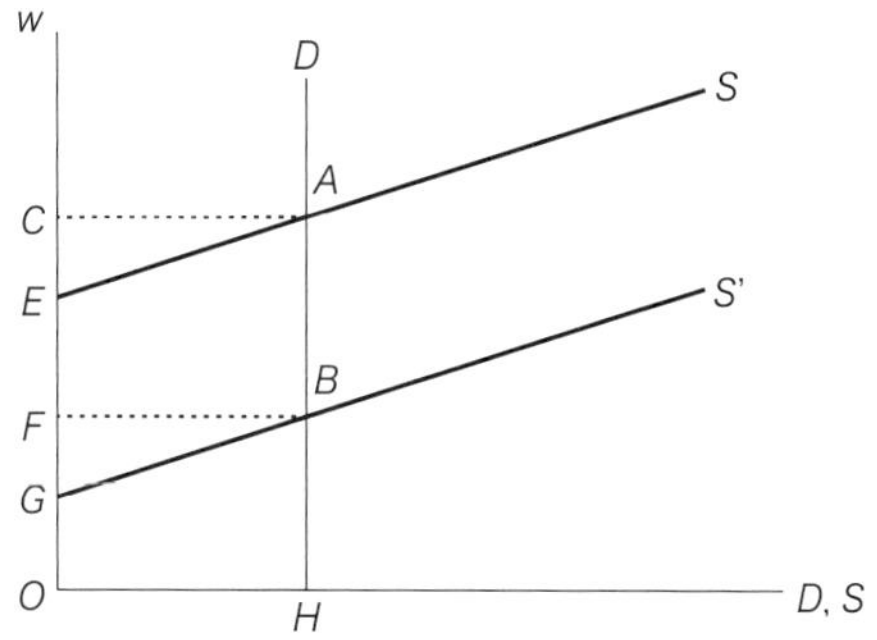

図６－４　大相撲力士の労働市場

対して、外国人力士を登用したことで□ $ACFB$ だけ支出の少ない□ $BFOH$ で済んでいる。つまり、海外に力士市場を開放した方が相撲協会の支出が少なくて済むことになる。これは、上述のように18年間賃上げをしないで済んだことの裏付けにもなる。

しかし、２０１８年に相撲協会は賃金を引き上げた。これは相撲協会側から見たら負効率な選択であるともいえる。しかし、このような負効率な選択が大相撲イノベーションの特徴であり、このおかげで大相撲人気は維持されてきた。伝統を守り、かつ長期的な経営を維持するために短期的な負効率をあえて受け入れたのである。

5　伝統という負効率の成否

(1)　伝統を守ることで成功している大相撲

伝統を守るということは、ときに負効率を伴う。そして、その負効率をうまく売りにすることが伝統を次に伝えるための手段でもある。

行動経済学には心理的リアクタンスと呼ばれる「命じられると反発したくなる心理」という考え方がある。効率性を求め続けてきた現代では、人々は負効率に郷愁を感じるのかもしれない。多くの人が効率的でない活動や行動を好意的に見てくれるようになる日も近いのかもしれない。もっとも、ここでいう負効率には、環境を守る、労働者を守るなどの、何かしらを保護する視点が不可欠である。

大相撲は負効率をうまく活かしてきた。

第一に、労働力確保に関しては、人材の付加価値を高めた。外国人力士の活躍中は不人気だったとはいえ、話題を振りまく外国人力士に親しみを抱いてもらい、外国人力士の付加価値を高めたことは確かである。バラエティ番組などに頻繁に登場するようになったのもその表れであろう。

第二に、地域からのオファーに応える形で巡業の回数を大幅に増やしたことである。日本人力士も地方を巡業することで人気上昇につながった。地方の人と直接出会える巡業の増加は人気回復の大きな起爆剤となった。効率的な事業運営という視点から見ると巡業は負効率かもしれないが、それがあったからこそ今の人気につながっている。

第三に、日本の伝統文化を守ることで日本人に親しみを感じさせてきた。数秒の本番に対しての長い仕切り、行司が数々の作業をこなす反分業体制などである。

行動経済学に一貫性と呼ばれる理論がある。決まっていることや一度決めたことに対して整合性を保ちたいとする心理である。伝統を保持するうえではこの心理も欠かせないであろう。しかし、「女性が土俵に上がれない問題」のような批判もたびたび浮上する。伝統を保持しつつ時代に沿わせることの難しさを思わせるが、今後もイノベーションを重ねてＳＤＧｓと折り合いをつけながら解決を図っていくであろう。

⑵　これからの課題

しかし、伝統を頑なに保持することに問題がまったくないわけではなく、今後も人気を維持するには課題が残る。

例えば、外国人力士があまりにも強いと、大相撲の発祥である日本人の力士が淘汰されてしまう可能性もあろう。しかし、ＳＤＧｓの求める社会において外国人力士を排除するという選択肢はありえないであろう。まずは外国人力士に大相撲の人気を担ってもらい、たとえ日本人の力士が減ろうとも、大相撲という日本の国技をつないでいくことが最善とも思われる。

また、イノベーションが叫ばれている昨今において、行司の役割のような負効率が今後も容認され続けるかどうかは分からない。誰もが嫌な仕事は機械に任せて自分は楽できるような時代がやってくるかもしれない。そのなかで、あえて行司のような人手で行う「負効率」を理解し、その仕事に耐えうる人材を確保し続けられるかも課題である。

最後に不祥事を起こさないことも重要である。大相撲では、かつて暴力事件や八百長事件などの不祥事が発生した。大相撲を運営する日本相撲協会は公益財団法人化されているにもかかわらず、古い体質をそのまま引き継いでいるのが原因といわれている。一貫性の原理の悪い側面が表れた結果ともいえるかもしれない。巡業の回数が増え、大相撲の構成員で行動を共にするうちに力士同士が親密になる。その親密さが不祥事の一因ともいわれている。観客は真剣勝負を期待している。相撲ファンを裏切らないためにも不祥事は禁物である。

本章では大相撲における負効率と独自のイノベーションを見てきた。大相撲が負効率を前提としつつ、ときにその負効率を活用してイノベーションを重ねてきたことが分かった。

経済効率を目指す世の中ではあるが、大相撲は伝統を守り続けてきた。今後も続けてもらいたい。それを通じて、現代を生きる我々にも伝統や負効率の大切さを認識させてほしい。大相撲は負効率の社会教育効果を担っている。負効率の大切さを教えてくれる大相撲を今後も応援したい。[*10]

一口メモ⑪　心理的リアクタンス

他の人から「こうしなさい」「ああしなさい」などと指示されたときに余計に反発したくなる心理のことである。読者も経験があることであろう。命令や指示をされると従いたくなくなるという心理を、人は誰もが持っているのである。

一口メモ⑫　一貫性

一度決めたことに対しては整合性を保ちたい、変化させることをなるべく避けたいと考える心理である。大相撲においても、作法やしきたりなど保持してきたことを今後もなるべく継続しようとしている。それを保持することや変更することの善し悪しはあるが、伝統があるからこそ大相撲ともいわれている。

注

＊1　日本ユニセフ協会「ＳＤＧｓ17の目標　8働きがいも経済成長も」『持続可能な世界への一歩ＳＤＧｓクラブ』https://www.unicef.or.jp/kodomo/sdgs/17goals/8-economic_growth/（２０２３年３月17日閲覧）。

＊2　同右。

＊3　外務省「ＳＤＧグローバル指標　４：質の高い教育をみんなに」『ジャパンＳＤＧｓアクションプラットフォーム』https://www.mofa.go.jp/mofaj/gaiko/oda/sdgs/statistics/goal4.html（２０２３年３月17日閲覧）。

＊4　外務省「ＳＤＧグローバル指標　８：働きがいも経済成長も」『ジャパンＳＤＧｓアクションプラットフォーム』https://www.mofa.go.jp/mofaj/gaiko/oda/sdgs/statistics/goal8.html（２０２３年３月17日閲覧）。

＊5　「千秋楽の視聴率でわかる！　日本人横綱ひさびさの誕生で相撲人気復活か?.」『VRDigest』https://www.videor.co.jp/digestplus/tv/2017/08/3781.html（２０２２年４月１日閲覧）。

＊6　日本相撲協会「巡業スケジュール」http://www.sumo.or.jp/Jungyo/schedule_2018/（２０２２年12月31

日閲覧）。

＊7　朝日新聞「過密日程に力士ら悲鳴、休場続出　角界の働き方改革は？」『朝日新聞デジタル』２０１９年11月16日、https://www.asahi.com/articles/ASMCH2SPXMCHUTQP002.html（２０２２年２月５日閲覧）。

＊8　「主催者運営事業費」は事業費の合計から設営費と会場使用料を差し引いた値とした。それを３６５日で割り、１日あたりの主催者運営事業費を算出し、それに本場所の期間である15日を掛けて「一場所あたりの主催者運営事業費」を算出した。「会場整備費」は収支報告書内の「設営費」と「会場使用料」の合計値とした。地方巡業では、力士を呼ぶ主催者が費用を全負担するため、収支報告書にある「会場整備費」は全額が本場所の会場整備に使われたものと仮定し、「会場整備費」を年間の場所数で割ることで「一場所あたりの会場整備費」を求めた。来場者の割合は、日帰りの日本人を90％、宿泊日本人を５％、宿泊外国人を５％と仮定し、観客の宿泊日数は１日と仮定して経済効果を算出した（２０２０年度明治大学商学部４年生の中村賢軌氏による計測）。

＊9　「力士の給料はどれぐらい？　関取と幕下以下に分けて収入を詳しく解説！」『大相撲のはてなにきく、観戦ガイド』２０１９年３月９日、https://sumo-guide.com/rikishu-kyuuryou-system#i-3（２０２２年２月５日閲覧）。

＊10　本章は２０２０年度明治大学商学部４年生の尾崎元春氏、中村賢軌氏、百本亮馬氏がレポートした内容を筆者が大幅改変したものである。また、内容の改変にあたり大相撲の巡業をプロデュースされている小野寺弘行氏より貴重なご意見を賜った。末筆ながらお礼申し上げたい。

第7章　プロ野球の負効率
――セ・リーグはなぜ弱い?

1　野球にみる企業間競争の意義

近年、セ・リーグは2軍の試合などといわれてきた。2019~20年の日本シリーズで巨人がソフトバンクに2年連続で1勝もできず敗れ去ったことが要因であろう。

グローバル化した世界では、企業は外国企業との競争を考えなければならない。そうした負担のある反面、海外市場に進出できるという利点がある。では、グローバル化された世界で国内の企業同士の付き合い、あるいは競合はいかように考えればよいのであろうか。

例えば、国内の他企業と競合して自企業の生き残りを考えることも選択肢のひとつであろう。しかし仮に生き残ったとして、自企業だけでグローバル化された外国の大企業に打ち勝つことができるであろうか。もちろん、そもそも国内での競争に負けていたら企業は立ち行かない。しかし、国内での独り勝ちに満足していたら井のなかの蛙になってしまうであろう。日本企業はガラパゴス化された内弁慶企業が多いとの批判もある。ＳＤＧｓのひとつ「産業と技術革新の基盤をつくろう」に日本は失敗している。

現在、筆者らは産業の競争状態を計量化する理論を開発している。産業が独占や複占、寡占といわれるような状態になると、企業間の競争は発生しないことが多い。限られた企業のみが財を成すほど利益を上げるというのが実態で、他の脆弱な企業は利益を上げられない状態になる傾向がある。通常ならば、企業の新規参入などがあり、お互い切磋琢磨することで、各企業が同じくらいの水準の利益を得ることになる。そして最終的に、その産業から得られる利益はなくなってしまい、新規参入者は滞ることになる。

一方、独占のような一強状態では、他企業は排除され、新規参入も生まれない。このような状態にあってはＳＤＧｓの「産業と技術革新の基盤をつくろう」の「だれも取り残されない持続可能な産業化」[*1]の実現について課題があるのは明白であろう。

一強の独占状態を回避できるような競争ルールを考えたい。そこで本章では日本のプロ野球を例に考察する。大リーグに進出する選手が増えてはいるものの、日本のプロ野球ビジネスは井のなかの蛙の状態が続いている。特にセ・リーグが井のなかの蛙への道を突き進んできており、今後もいっそう突き進もうとしている。パ・リーグが実力を上げているのに対して、セ・リーグが後れをとっている現状は、多くの人が納得するところであろう。日本のプロ野球をグローバル化された世界にたとえ、そこでライバルに太刀打ちできなくなったセ・リーグにはどのようなビジネス的問題があったかを説明したい。

2　セ・リーグが抱えるビジネス的課題

⑴　パ・リーグに勝てないセ・リーグ

近年よく使われる言葉に「〇〇ファースト」がある。流行りの契機は２０１７年にアメリカで誕生したトランプ政権にたどることができよう。「アメリカファースト」が叫ばれ、アメリカの国力を高めようという動きが顕在化してきた。「自国さえ強ければよい」という考えでトランプ政権時のアメリカは世界をリードしようとしていた。その言葉が派生して、あらゆる分野で使われるようになった。

日本でも「〇〇ファースト」といえばいろいろな言葉が想起されるが、そのひとつにプロ野球があげられるのではなかろうか。

近年、セ・リーグの球団はパ・リーグに勝てなくなってしまっている。日本一を決定する日本シリーズでは、両リーグで勝ち上がってきた球団同士が原則7戦し、先に4勝した球団が日本一となる。表7-1によれば、2010年から22年までの13年間でセ・リーグの球団が日本一になったことは2度しかない。[*2]まるで、社会人優勝チームと大学優勝チームが日本一を争った、かつてのラグビー日本選手権のようである。そのラグビー選手権は格差がありすぎて現在は廃止されている。

2021年にヤクルトがオリックスを破り、ようやくセ・リーグの球団が日本一になったが、それまで7年連続で日本一はパ・リーグの球団であった。日本シリーズだけではない。セ・リーグとパ・リーグの各球団が戦うセパ交流戦というものがある（2020年はコロナ禍により中止）。そのセパ交流戦でも、セ・リーグ球団の勝利数の合計がパ・リーグのそれを上回ったのは、交流戦の始まった2005年以来18回のうち3回だけであり、2割を切っている。また、勝率が一番高かったチームが交流戦の優勝となるのだが、セ・リーグの球団が優勝したのもたった4回である（表7-2）。

これだけデータで差が示されているのだから、セ・リーグとパ・リーグの間には本当に実力の差ができてしまっているのであろう。なぜセ・リーグはこんなにも負効率な構造になってしまったのだろうか。

(2) 習慣化された価値観

両者に大きく差がついてしまった理由は何であろう。そのひとつに「ひとつの球団さえ強ければよい」という考えがあると思われる。ここで具体的な球団名をあげることには賛否あろうが、セ・

表７－２　セパ交流戦の結果

年	最多勝リーグ	勝−敗−分
2005	パ・リーグ	105−104−７
2006	パ・リーグ	108−107−１
2007	パ・リーグ	74−66−４
2008	パ・リーグ	73−71
2009	セ・リーグ	70−67−７
2010	パ・リーグ	81−59−４
2011	パ・リーグ	78−57−９
2012	パ・リーグ	67−66−11
2013	パ・リーグ	80−60−４
2014	パ・リーグ	71−70−３
2015	パ・リーグ	61−44−３
2016	パ・リーグ	60−47−１
2017	パ・リーグ	56−51−１
2018	パ・リーグ	59−48−１
2019	パ・リーグ	58−46−４
2021	セ・リーグ	49−48−11
2022	セ・リーグ	55−53

注：NPB「セ・パ交流戦」（https://npb.jp/interleague/backnumber.html 2023年５月22日閲覧）を参考に筆者作成。

表７－１　日本シリーズの優勝チーム

年	優勝チーム	勝−敗−分	敗者
2010	ロッテ	４－２－１	中日
2011	ソフトバンク	４－３	中日
2012	巨人	４－２	日本ハム
2013	楽天	４－３	巨人
2014	ソフトバンク	４－１	阪神
2015	ソフトバンク	４－１	ヤクルト
2016	日本ハム	４－２	広島
2017	ソフトバンク	４－２	DeNA
2018	ソフトバンク	４－１－１	広島
2019	ソフトバンク	４－０	巨人
2020	ソフトバンク	４－０	巨人
2021	ヤクルト	４－２	オリックス
2022	オリックス	４－２－１	ヤクルト

注：＊２を参考に筆者作成。

リーグにおいて巨人が圧倒的に強かったことは疑いのないところであろう。批判を恐れずにいうと、日本の野球界においては「巨人ファースト」の考えが見え隠れしている。巨人自身にも覇者として「自分が優勝しなければならない」という気概を感じる。

50年前の高度成長期には、巨人さえ強ければプロ野球の人気は高まるという考えがあった。それが現代まで続いているように思えてならない。そして、他の球団がその現状を当然のこととして受け入れてしまってきたように思える。

また、地域性の面でもセ・リーグには問題があるだろう。パ・リーグは時代に適合し、地域重視の姿勢に転じて成功している。いうなれば、地域ファーストを取り入れている。それに対してセ・リーグは、関東、関西、名古屋中心の大都市主義を捨てきれずにいる。そして東京の巨人さえ強ければセ・リーグは安泰と考えているように思える。従来のままの考え方で固定されてしまっている。巨人ファーストの考え方は行動経済学でいう「習慣化」である。かつての成功や栄光が忘れられず、その成功体験をいつまでも引きずっているのである。

習慣化とは行動経済学でいうところの認知的節約（考える作業を節約すること）の一部である。要は、考えることを省略し、過去の例に倣うのみになっているのである。セ・リーグ（巨人）の場合は、認知的節約をしているばかりか、過去の栄光を持つ指揮官を何度も再登場させて世代交代が進まず、新たな考え方が持ち込まれないことが悪循環のもととなっている。こうしたことはビジネスでも起こりがちである。会長が社長に再任されるなど、安易な先祖返りはイノベーションを遅らせる結果を招くため要注意なのである。

プロ野球全体としても当然ながら改革を考えていないわけではない。たとえばドラフトでは選手が自由に希望球団を指名できない問題や裏金問題があり逆指名制度（選手が入団したい球団を指名できる制度）が導入された。しかし、これにより、よい選手を引き抜こうと水面下での裏金問題が多発したため、選手に契約金を後払いできるシステムを導入（１９９５年）した後、２００６年を最後に廃止している。しかし他方では、在籍して数年経った選手は他球団に移籍する権利が生じるというフリーエージェント（ＦＡ）制も存在する。職業選択の観点からいえば、実力があるのに現在の球団では出番に恵まれない選手が、出番の見込める球団へ移る自由があるのは望ましいことだろう。しかし実際には、出番がありすぎるくらいの選手が他球団に移り、そこで出番の少ない選手の出番をさらに奪ってしまっている。現状の日本のルールでは、どうしても公平性が害される結果になってしまっている。

大リーグの場合は、ＦＡで有力選手が他球団に移った際、その球団は次のドラフトで順番が優先される。球団間の実力の均衡を図るだけでなく、有力選手を引き抜かれたことによる気持ちの落込みからもチームを救うことなる。日本にはそのような制度がない。相手球団から選手を補充できる仕組みはあるものの、結局はＦＡ制度で強い球団と弱い球団が誕生してしまい、現在のセ・リーグのように１球団が強くなる一方でリーグ全体が弱くなるという構造ができあがってしまった。いわば人材資源を再分配する制度がうまく機能していないのである。

２０２１年、有力選手２人が巨人に移ったばかりのＤｅＮＡは、巨人に大きく負け越した。これを産業に当てはめれば、産業内の競争状況が崩れ一強状態が完成してしまったという状況である。

高度成長期には、巨人の強さと人気がプロ野球全体の人気を牽引した。「巨人、大鵬、卵焼き」といって、理屈なくこの三者が人気を博した。テレビ中継の大部分が巨人の試合で、リーグをあげて巨人を盛り上げ、他のチームはそれに頼り、強くなった巨人と戦うことで人気を得ていた。しかし、時代が流れるにつれケーブルテレビやインターネットでの動画配信などが登場し、巨人以外の球団の全試合が放映されるようになった。にもかかわらず今日に至っても以前と同じ手法に頼っていたことが、セ・リーグとパ・リーグの明暗を分けたといってよいのではないか。

一口メモ⑬　認知的節約と習慣化

考える、頭を回すということはそれなりに労力を要する作業である。人の時間は限られているし、他のことにも頭を回さなければならない。

例えば通勤や通学の行程がよい例であろう。多くの人は毎日1時間近くの時間をかけて通勤や通学をしているが、そのときの記憶を鮮明に覚えている人は少ないであろう。気がついたら目的地に着いていたというのが自然である。これは「自動化」ともいい、認知的節約のひとつである。同じ1時間の行程であっても、初めて行く経路の場合は、この電車で間違っていないか、この道で大丈夫だろうかと頭を回す。そのため、自動化された通勤や通学の1時間と違い、ずっと長く感じるであろう。

これは他の作業に時間や労力を効率的に使うため人間に組み込まれた機能である。習慣化もまた認知的節約のひとつであり、これまでうまく続いているので、わざわざ変化させる必要がないと考える心理である。

また、この習慣化は「一貫性の原理」にも当てはまる。ある行動を開始したら、その行動を一貫して続けたくなる心理である。

例えば、一流のブランド品を買い始めたら、持っているものすべてをそのブランドで統一したくなる。かつて、ロシアのエカチェリーナ2世はフランスの作家ディドロの娘に婚礼資金を提供したことがあった。ディドロはいただいた婚礼資金の余った分を自身のバスローブ購入に充てたそうである。すると彼は、そのバスローブに比べて自身の持ち物がどれも貧相に思えてしまった。そして次々とブランド品に買い替えたという。このことから「一貫性の原理」は「ディドロ効果」と呼ばれることもある（松井 2003）。

一流の選手を集めることに執着した巨人は、それがやめられなくなってしまったのかもしれない。しかも、同じリーグの他球団から一流選手を引き抜くことで、相手を弱体化し、安易に勝利することができるようになってしまった。一流選手を集めることが習慣化してしまっていると見られても仕方がないであろう。

(3) 巨人の手法とそれを許すことによる弊害

2019年、20年と、巨人はセ・リーグ内の他球団の主力選手を奪う形でチームを強化し、リーグ優勝を果たした。他企業の生え抜きをスカウトして自身は強くなり、他企業を弱くしたようなものである。主力戦力を奪うことによって実力面と精神面の両面でライバルチームを弱体化できるであろう。この手法をとれば優勝は安泰である。

セ・リーグ全体に蔓延する「巨人は強くあらねばならない」という習慣化がこの行動を容認してしまっている。

2019年には、前年の優勝チームである広島から強力打者を引き抜き、相手の弱体化を図ったことで巨人は優勝した。広島は戦力ダウンに加えて精神的落ち込みもあり4位まで下がり、指揮官も更迭された。しかし、そのような形でリーグ優勝を飾った巨人だが、日本シリーズではソフトバンクに太刀打ちできず4連敗に終わった。20年にもセ・リーグ内では独走したものの、日本シリーズではやはりソフトバンクの前に敗退した。

このことは何を意味するのであろうか。強力打者を引き抜かれると、一見強いメンバーが残っているように見えても、ひとりが怪我をしたり不調になったりすると替えの人員が不足してしまう。選手の層が薄くなってしまうのである。一方のチームがプラス1の利益を得ると同時に、他方はマイナス1の損失を被る。単純な差し引きでも2の差が生まれる。

さらには主力選手を奪われたチームの精神的ショック、戦略の伝聞（引き抜かれた選手が前の球団の事情を伝える）などのデメリットも被り、結果として２以上の損失となる（このような影響から戦績は低迷し、優秀な指揮官も更迭される）。他チームと差し引きで２以上の利益を得る目的で巨人はＦＡを率先して導入したのである。

確かに、この手法をとれば巨人のセ・リーグ内での優勝は容易くなるであろう。しかし、セ・リーグ内で勝つことのみを目的にしてしまい、リーグ全体の実力を底上げしようという考えに至らないのはいかがであろうか。確かに、同じリーグ内の他球団を強くするなど、短期的には負効率な行動である。しかし、リーグ内の実力を底上げすることにより、そのなかで勝ち抜いた球団は日本シリーズで勝利する実力を身につけることができる。短期的な負効率を受け入れることができないからこそ、セ・リーグはパ・リーグに負けてばかりになっていると筆者は考えてしまう。

「ライバルチームを強くする」「敵に塩を送る」というのは、短期的に見れば明確な負効率であり、勇気の要る決断である。しかし、一時的に負効率を受け入れることが、後に大きなリターンをもたらすことは少なくない。「情けは人のためならず」という言葉もある通り、セ・リーグはその勇気を持つべきである。

(4) 経営理論的・経済理論的な説明――Ｘ理論・Ｙ理論

巨人の実施している人材育成システムを端的に表現すると、高報酬と競争ということができる。

一見したところ経済理論を取り入れた手法のように見えるが、実際のところはアメとムチと同義であろう。

アメリカの心理学者であり経営学者でもあるダグラス・マクレガーが1950年代後半に提唱した理論に「X理論・Y理論」がある。[*3] いわゆる「アメとムチ」の手法は、人間は本質的に怠惰であり、強制や命令があって初めて仕事をするというX理論に基づいている。それに対してY理論は、人は本質的に怠惰であるとは考えず、条件が明確化され、本人が納得することができれば、責任ある仕事をするという考えに基づいている。企業でY理論を機能させるためには、企業の目標と個々人の目標（欲求）が明確にされることが必要というが、スポーツにおいてはチームの優勝が企業目標になる。

しかし、グローバル化された現在は自身のチームのみが優勝や金メダルを目指す時代ではないのかもしれない。ＳＤＧｓを想起すれば分かるように、業界全体の盛り上がり、日本全体の幸せ、ひいては世界全体の幸せを考えることが共通認識とされつつある。

近年は従来の組織目標をより広げて考えることが求められる。つまり、当該組織の目標、組織員の欲求を統合することに加え、さらにその組織を取り巻く環境の目標達成を目指すことが望まれる。野球の例であれば、巨人はセ・リーグで優勝して満足するのではなく、日本シリーズや交流戦でセ・リーグがパ・リーグに勝つことまでを目標に含めなければならない。付言すれば、子どもたち次世代がセ・リーグもパ・リーグも含めプロ野球そのものに魅力を感じるようにしなければならない。

それが、巨人もその一部であるセ・リーグ、ないしはプロ野球全体の目標であるはずだからである。こうした現代型のＹ理論から見ればパ・リーグの方が先進的といえよう。球団を超えて、地域というより大きな目標を選手の間に浸透させているからだ。これこそがパ・リーグを強くしたと考えられる。

3　短期的な負効率は享受するのがよい

⑴　ライバルの重要性

このような問題はプロ野球だけに限らない。ライバルの足を引っ張り、自分だけが抜きに出ようという発想は危険である。企業でも社員同士が足を引っ張りあう状況は見られるだろう。こうした現象は一丸となって取り組む目標の乏しい組織で起こりやすく、昔から行政組織（特に中央省庁）などで起こりがちとも指摘されている。仲間内（どこまでを仲間と解釈するかは人それぞれであろうが）で足を引っ張りあうことの負効率は記述するまでもない。

負効率も規模によって結果は様々で、小規模な負効率であれば受け入れることによって大きなリターンを期待することができる。例えばラーメン屋が地域内に１軒だけあったとしよう。そこには多くの客が押し寄せ繁昌するかもしれない。しかし、その繁昌により騒音が発生し、近所迷惑を指摘されるかもしれない。

一方、ある地域に複数のラーメン屋が並んでいたとしよう。それらは互いに競い合っており、ライバル（＝負効率）同士である。ここで、そのうちの1店舗に他店すべてを排除する権利、もしくは多数の店舗を呼び込む権利が与えられたとする。もし他店すべてを排除する権利を行使すれば、短期的には負効率状態を解消できるであろう。しかし、地域内にラーメン店が1店舗だけあったところで経営は難しい。

ここであえて多数の店舗を呼び込む方の権利を行使したとしよう。短期的にはより大きな負効率を受け入れることになる。しかし、そうすることで地域内に次々にラーメン屋が集まり、いわゆるラーメン街ができあがる。ラーメン街ができあがると、様々な味のラーメンを求めて、様々な地域から多くの客が訪れる。それにより、駐車場など周辺のインフラも整備されるであろう。

さらに、そのなかに1軒でも美味しいラーメン屋があると、その周辺のお店も繁盛する。美味しいラーメン屋が集積効果を生み出し、地域全体が繁栄するのである。一番人気のラーメン屋が大行列で入れず、やむなく隣のお店に入ったが、そこも美味しかったという体験は、多くの人がしているであろう。そして「次こそは一番人気のラーメン屋に入ろう」と再び足を運ぶ。そして、そのラーメン街のリピーターになっていく。

これは、ライバル店同士が競争を通じてお互いに力を高め、質を高めてきた結果である。ひとつのお店だけが他を圧倒的に凌駕したとしても、他の店舗が廃れてしまっては地域や産業全体の力は落ちることになる。

これはアメリカのトランプ前大統領の保護主義にもあてはまる。トランプ前大統領はアメリカファーストを標榜し、世界におけるアメリカの一強を目指していた。他の国々と摩擦を起こす一方で、迎合してくる国には優しかった。日本も、アメリカからの防衛装備品購入の増加、カジノなどのＩＲへのアメリカ資本の導入予定など、アメリカを利する迎合的な政策が目立った。他方、中国は貿易戦争を激化させ、アメリカにとって脅威となっていった。

「自分だけが高く評価されればよい」と考えるリーダーは、組織規模の大小を問わず存在する。自分自身を高めるためにライバルを高めるような選択（＝負効率な選択）をしたうえで適正な競争を行うならば、自身を取り巻く全体を高めることができるであろう。

一般に独裁者の国家では、国民の経済力が弱まるのと反比例するように独裁力が高まっていく。世界のこれまでの独裁国に共通して見られる現象であるという。仮に同盟国の国力を弱めてでもアメリカファーストを強行したならば、それは世界経済の弱体化をもたらしたであろう。一強が引き起こす事態に警戒する姿勢も必要である。

かつて、企業も産業スパイやヘッドハンティングを駆使してライバルを出し抜いてきた。しかし、ライバルを蹴落とし過ぎると市場が縮小し、産業そのものが力をなくしてしまう。一企業だけが得するような経済状況では、グローバル経済での勝者にはなれない。他企業とうまく役割分担し、協調して均衡を図りながら成長を目指すことが、産業全体の成長を考えるうえで重要である。そのためには「ライバルを強くする」という短期的な負効率を選択する勇気も必要である。

(2) 経済理論的な説明――ガリバー型独占・寡占

独占とは企業が1社しかない状態、寡占とは企業が数えられる程度しか存在しない状態である。つまり、産業内に企業が多数あるにもかかわらず、1社または数社のシェアが異常に高い状態であり、ガリバー型独占・寡占は事実上の独占や寡占のことである。

独占は完全競争市場の状態と比較して幸福度が低いことを示そう。図7-1は完全競争市場であり、このときの社会的余剰は△ABCになる（余剰分析）。

これに対して図7-2は独占市場である。ここには、図7-1になかった右下がり曲線（M）がある。このMは独占市場における限界収入曲線であり、限界収入曲線Mと供給曲線Sが交わる点において、この独占市場における企業（1社のみの独占企業）は利潤が最大になる。図7-2では点Fでそれが示されるが、その際の供給量はOEになる。それに対してOGの需要が存在するため、点Gが取引の均衡点となり、価格は点Gに対応する水準まで高くなる。このときの社会的余剰は□$BCFG$となる。完全競争市場の際の社会的余剰△BCAと比較して、△GFAだけ小さくなっている。この△GFAが死荷重にあたるものであり、本書でいうところの負効率にあたる。

本書は、短期的な負効率は将来的に効率性（＝社会的余剰）を高めると説明してきた。しかし、独占市場が完成してしまったことで生まれた死荷重（＝負効率）は、容易にプラスには転換できない。

独占市場が生まれるような状況における負効率は長期にわたってしまう恐れがあるだろう。

21世紀に巨人を率いた原辰徳監督も、ライバルを強くするという負効率を選択してセ・リーグ全体を強くするという考えには至らなかった。巨人を頂点としたセ・リーグの構造を未だに理想としている。これは日本経済の構造と瓜ふたつといえるだろう。

日本では、年功こそが唯一無二の価値とばかりに高齢の社長が前面に出て会社経営を担うことが

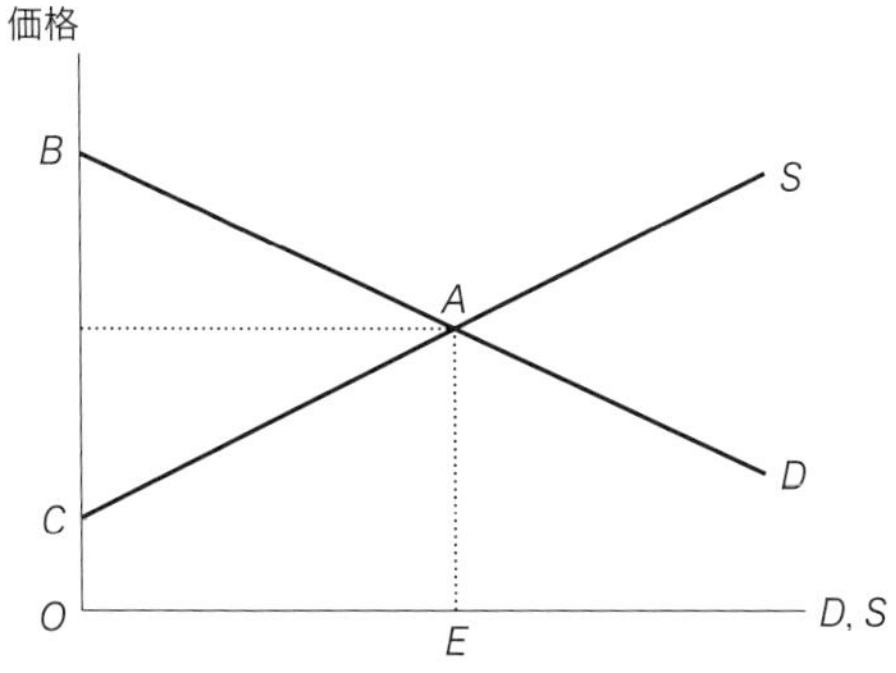

図7－1　完全競争市場

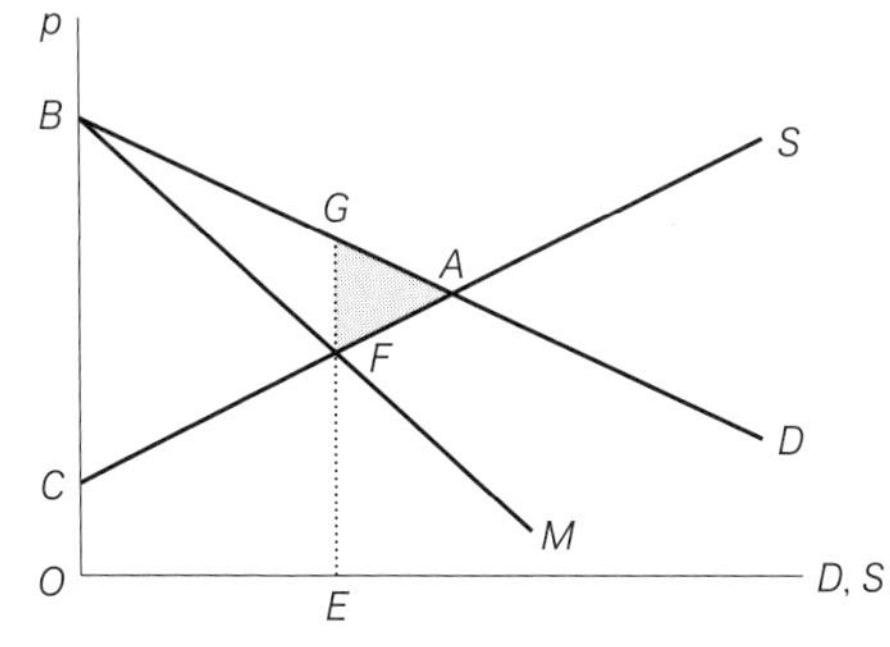

図7－2　独占市場

珍しくない。それに対してアメリカや中国ではグローバル企業の若手経営者がぞくぞくと登場している。経済社会においても、日本国内だけで競い合っている場合ではない。世界の産業地図をつくりかえるような人材の出現、それを生み出す環境の創出が期待される。[*4]

注

＊1　日本ユニセフ協会「ＳＤＧｓ17の目標　9産業と技術革新の基盤をつくろう」『持続可能な世界への一歩ＳＤＧｓクラブ』https://www.unicef.or.jp/kodomo/sdgs/17goals/9-industry/（２０２３年3月18日閲覧）。

＊2　「プロ野球　記録　年度別日本シリーズ結果」『日刊スポーツ』https://www.nikkansports.com/baseball/professional/record/japan_series/pf-japan_series.html（２０２２年12月31日閲覧）。

＊3　ダグラス・マクレガー（１９９０）を参考に記述している。

＊4　本章は２０２０年度明治大学商学部4年生の尾崎元春氏、中村賢軌氏、百本亮馬氏がレポートした内容を筆者が大幅改変したものである。

参考文献

松井剛　２００３「なぜ人は消費するのか――他者という視点」『一橋論叢』第１２９巻第4号4月号、https://hermes-ir.lib.hit-u.ac.jp/hermes/ir/re/10205/ronso1290400170.pdf（２０２２年12月31日閲覧）。
マクレガー、ダグラス　１９９０『企業の人間的側面――統合と自己統制による経営』高橋達男訳、産能大出版部。

第8章　歩行の負効率

――経済学が見過ごしてきた基本的な行動

1　歩行と経済

(1)　経済学で軽視される歩行

歩くことは交通の基本なのに、交通研究を含む経済学は歩行をあまり研究対象にしてこなかった。理由は、電車やバスに乗ったときのようにお金がかからないからである。お金がかからない財を自由財と呼ぶ。つまり、歩行は自由財であるために経済学の分析対象にならなかったのである。効率性を目的にする経済学にとって、歩行は効率・負効率を測る指標に適さなかったのである。

歩行は健康の基本であるから、健康を維持することで社会や個人に経済的な利益が発生する。近年、アプリ開発により、歩いているだけで特典付きのポイントが増えていくシステムも登場した。

つまり、今や歩行はいつ経済学の研究対象になってもおかしくないのである。

歩行というと、移動速度が遅くて経済効率が悪い（負効率）という見方をされてきた。しかし本章では、歩行という負効率が経済的にプラスを生む可能性があることを説明する。そもそも歩くという行為は人間の呼吸分しか二酸化炭素を排出しないので、ＳＤＧｓの「気候変動に具体的な対策を」に最もマッチした交通手段だということになる。人的能力を発揮し、交通制度を改善できるのが歩行である。

本章では、経済的に整合するという視点で歩行を見ていくことにしたい。

具体的にどのような視点から歩行を分析するのか。本章ではふたつの視点を設ける。第一は、歩行が中心だった江戸時代の参勤交代におけるプラスの経済効果を分析し、現代への応用を考察する視点である（第2節）。第二は、現代の歩行により発生するリスクを負効率と考え、そのリスクの予防が歩行の機会費用にあたるという視点である（第3節と第4節）。

歩行の分析手法はほかにもあり、ここにあげた負効率の有用性の活用、負効率の改善という視点は一例に過ぎない。本章で強調したいのは、歩行が交通であり、経済学の分析対象であることを再認識し、歩行を経済社会の発展に活かしていくよう心がけていきたいということである。

(2) 歩行は経済財

交通は経済学の一分野である。新幹線、飛行機、バス、タクシーはいずれも経済の分析対象となっている。こうした公共交通機関が存在しなければ現代の経済は機能しない。自家用車、トラックなどの自動車での移動も現代経済に不可欠である。

ところで鉄道や自動車のなかった江戸時代以前を見てみると、船や馬もあったものの、交通の中心は歩行であった。しかし現在は、他の交通手段の発達が著しいため、それらを補完する脇役のように扱われている。速度が遅く、気候の影響を受けやすく、交通事故のリスクも高いからであろう。

そのせいか、これまで歩行が経済学の分析対象となる機会は少なかった。歩行は人間の基本的な行動であることは公然の事実である。例えば前述の交通手段だけでは移動は完結しない。その補完をしているのが歩行である。家からバスの停留所まで、駅での乗り換え、飛行機のチェックイン、搭乗……。仮に、歩行のすべてを他の交通で補うとすれば、ひとり乗りのカートが必要になるだろう。すると、その製造費と運用費がかかる。歩行という行為によって、その分が機会費用として節約できているわけである。

他の交通機関の補完だけではない。コンビニや学校に行くときは歩いていく。家や会社のなかでの移動も歩行である。歩行という行為がなければ経済社会は成り立たない。それにもかかわらず、歩行は経済学の分析対象にされてこなかった。

また、歩行は移動時間を正確に見積もることができる。最近では新型コロナウイルスの感染拡大下で公共の交通機関を避け、歩いて通勤・通学する人が増えたのではないか。

このように歩行は経済社会に不可欠な要素で様々なメリットがあるにもかかわらず、自由財であるため経済学的な分析が行われてこなかった。しかも現在は移動の高速化がいっそう進み、歩行は負効率と見なされている。しかし、繰り返し述べるように、歩行は重要な経済要素である。「歩くこと」の経済価値を再検討すれば、歩行速度、歩行の混雑、歩行距離など歩行についての諸事が経済問題となりうる。例えば、歩行中に他人とぶつかって怪我をしたら医療費がかかる。これは外部不経済の問題である（市場を通さず発生する経済効果を外部経済といい、その効果が正であれば外部経済、負であれば外部不経済と呼ぶ）。

このように歩行にはプラスとマイナスの両面が考えられる。これまで意識されてこなかったプラス面を増やすことで、負効率が逆に大きな利点となりうる。今後、経済の基本のひとつに歩行を据え、経済面、生活面でも重要な要素に変えていこうではないか。

2　参勤交代の経済学的解釈

(1)　参勤交代の費用

交通機関の少なかった江戸時代では、交通はほぼすべて歩行であった。馬や船による移動もあったが、日本は山が多く坂道も多いため、歩行が効率的な交通手段であった。そのなかで、参勤交代という制度はまさに歩行による交通の代表例であろう。

第３代将軍徳川家光によって制度化された参勤交代は、約２５０ある大名が2年ごとに江戸に滞在するために自藩から江戸に赴き、江戸に1年滞在し、そのあと自藩に戻るという行動である。もちろん大半が歩行での行き来となり、日数がかかる。すると宿泊費や食費などのお金がかかる。お金がかかることは、経済効果につながる。参勤交代は江戸時代の社会に大きな経済効果をもたらしていた。

具体的にその経済効果を考えてみよう。まず参勤交代そのものにいくらかかったのかを考える。ここでは仙台藩と土佐藩の例から計算する。

仙台藩

仙台藩[*1]の参勤交代の行程は、今でいう宮城県の仙台市と東京の往復である。諸説あるが仙台から江戸までは片道10日間（7泊8日という説もある）かかったそうだ。参勤交代を扱った最近の映画に、大名行列の要員をアルバイトで賄うシーンがあったが、有力な大名であった仙台藩の場合、大名行列の構成員は仙台藩士であったであろう。その規模は数百から数千人に上ったという。

具体的に要した費用であるが、資料によると１７３１（享保16）年から41（元文６）年には片道３千両（1両６・３万円とすれば現在の１・89億円）、１７７２（文久４）年から81（安永10）年には片道５千両（1両６・３万円とすれば現在の３・15億円）だったという。[*2]片道だけで数億円の費用がかかっている。

現代では同じだけの人数が新幹線や飛行機で移動しても、そこまでの金額にはならない。大名行列は自藩の権威をお披露目する意図もあったので、規模の大きいものにしたかったのであろう。NHK紅白歌合戦で歌手がきらびやかな衣装で競うように、仙台藩もその派手さを売りにしていた。

このように仙台藩の参勤交代には、現代にあっては負効率と考えられる莫大な費用がかかっていた。今もその派手さが伝わっているので、超長期的な宣伝（歴史に名を残すほどの宣伝）と考えれば、この費用のかけ方には効果があったのかもしれない。

土佐藩

次に四国の土佐藩を見てみよう。[*3] 土佐は今の高知県にあたり、高知城のある高知市から東京への移動である。土佐藩は24万石の石高であった。四国から江戸への行程の途中で船を使わなければならない。紀伊水道を使ってのその片道の費用は1684（貞享1）年の時点で1200両かかったそうである。1両6・3万円で計算すると7920万円となる。

年代が違うので単純な比較はできないが、土佐藩の参勤交代は仙台藩のように数億円をかける大規模なものではなかったようだ。途中で船を利用することにより費用が抑えられたとも考えられる。といっても、なお、土佐藩も片道1億円近い出費をしていたことは確かである。

後になり、より最短ルートとして、高知県笹ヶ峰峠を通って瀬戸内海を渡るルートが考案され、1717（享保2）年に街道の建設が始まったという。以後6代藩主山内豊隆からその街道を使って参勤交代がなされた。[*4] 土佐藩は効率を追求したが、それでも参勤交代の費用は大きな負担であった。

(2) 参勤交代の経済効果

参勤交代には経済効果があったと思われる。多額のお金が動くからである。以下に具体的に考えられる経済効果を述べよう。

公共事業としての効果[*5]

江戸幕府の意図のひとつに、各藩に蓄財させないためということがあった。その裏には、幕府に反抗する力を削ぐためという隠れた目的があった。意図的に財政難を引き起こすことになる参勤交代は、各藩にとって過酷なものであったが、全国各地でお金を使うという点では地域の経済にとってプラス効果があった。

そのひとつが交通網の整備である。数百人の団体が2年ごとに徒歩で移動するのであるから、街道が整備される。１人や２人の移動であれば道なき道でもよいかもしれないが、数百人が一度に移動するのであるから、整備された道が必要である。しかも多くの大名が使う街道になると相応の整備が必要である。街道整備はまさにインフラ事業にあたる。

忠田敏男（２００３）によれば、各藩においても、例えば加賀藩は黒部川を渡るのに愛本橋という参勤交代用の橋を建設し、前述のように土佐藩も参勤交代のための街道を建設した。こうした道や橋の建設・整備は公共事業にあたる。

経済には乗数効果がある。参勤交代のための街道整備においても、雇用を創出し、消費が増えることで経済の好循環が生まれていたであろう。地域にとって有力な公共事業だったといえる。これが江戸時代の終わりまで継続的になされたのであるから、幕府は知ってか知らないでか、経済理論に則った効果的な経済政策をやり続けたことになる。

乗数効果の経済理論では次の関係式が成り立つ。下記の関係式における貯蓄率とは「所得が増えたとき、そのうち貯蓄に振り分けられる割合」のことを指す。

国民所得の増加＝（1／貯蓄率）×投資（民間投資、公共投資など）の増加

投資がなされると、その大きさ分だけではなく、（1／貯蓄率）倍だけ所得が増加する。仮に貯蓄率が0・2だとすると、投資された金額の5倍も国民所得が増える計算になる。貯蓄率が低ければ低いほど経済効果が大きい。なお、この（1／貯蓄率）のことを乗数という。

宿場の活性化

現代のように数時間で国内をあちこち移動できる状況ではなかったので、江戸から遠い大名は途中で宿泊を余儀なくされた。つまり、宿場に泊まるのである。

宿泊場所は大名専用の宿である本陣を使えば見栄もよかろう。大名が人目のあるところで節約を通すわけにもいかない。結果としてお金を使うことになる。数百人の宿泊客を受け入れれば、宿が繁盛し、雇用が生まれる、食材を提供する農家にも収入がある。このように経済の波及効果が生じる。まさに現代の観光業と同じような経済効果をもたらしていた。

また、大名行列で疲れた家来たちのために余興も必要であっただろう。その結果、本陣のある町々に地域ならではの文化が発展した。文化の発展には経済の発展も伴う。人手が必要だからである。大名行列がもたらした文化とそれに伴う宿場町への経済効果は大きなものであったであろう。東京都足立区に北千住という駅があるが、宿場街だった頃の名残であり、現在も人通りの多い地域である。

消費が回す経済

経済において貯蓄はパラドックスと呼ばれる。歓迎すべきか否か意見が分かれる。収入や所得が増えれば消費が増え、国民所得の好循環（消費増→生産増→雇用増→所得増→消費増……）が生まれ、経済を動かす。しかし、消費でなく貯蓄に回されると、国民所得の循環が滞ってしまう。

現代社会では、貯蓄は銀行を介して資金を欲している企業に貸し出される仕組みである。この仕組みを大きく金融と呼ぶが、その観点から考えると貯蓄はプラス要因になる。しかし、資金を借りる企業が少ない場合、貯蓄は家計の消費を減らすだけになり（所得が消費に回らず）マイナスの要素となる。

このマイナスの例が、高齢者が将来の不安のため金融資産を使わず、お金が社会に回らない現象に見られる。国民がお金を使わないと経済は停滞する。仮にお金を貯めたとしても、それに相応した消費がなされれば経済は回る。

江戸幕府は意図せざるうちに消費による経済の好循環をつくりだしていた。お金を貯めることは経済にとって重要であるが、家計にしろ、企業にしろ、貯蓄するだけで使わないのは経済にとって問題になる。しかし江戸時代の場合、参勤交代という、お金を使わなければならず死蔵させない仕掛けが生み出されていた。金融制度が完備されていなかった江戸時代に幕府がつくったお金を循環させる仕組みである。

経済格差の是正

このように参勤交代は金持ちにあたる大名が蓄財した資金を、地元をはじめ日本各地に還元する効果をもたらした。江戸時代は士農工商の身分制度がはっきりしていて、富める者、貧しい者の差が明確になる仕組みになっていた。それが、身分制の逆にあたる、商（商人）、工（職人）、農（農民）、士（武士。いってみれば、現在の国家公務員・士業のこと）の順に富んだというから面白い。

参勤交代で大名にお金を使わせれば、人から人への分配が、全国あまねく広い範囲で実現する。つまり参勤交代は、所得格差、地域格差を是正する、有力な資源の再分配政策であった。

地場産業の発展

現在も各地へ観光に行けば、その地ならではの産品がある。江戸時代にも各地の地場産品があった。今のように流通の発展していない当時は、地場産品はその産地でしか手に入らなかった。参勤交代では様々な地域を通るので、各地で様々な産品を購入する。地場産品が売れることにより、地場産業が発展した。これも参勤交代による経済効果のひとつであった。

文化交流

人々が江戸と地方を行き来することにより、文化交流がなされる。各藩の藩主・藩士が江戸の文化を地元に伝えると同時に、各藩の文化を江戸に伝えたり、途中で通過する地域の文化を江戸や各地に伝えたりすることもできた。仮に地域間の往来が禁止されていれば、文化の伝達はできない。参勤交代は文化交流を促す仕組みであったといえる。

国や地域において文化が充実すればするほど経済も充実する。そして文化交流は新たな経済効果を生む。江戸幕府は、参勤交代によって文化交流のシステムをつくり、そこからも大きな経済効果を生み出していたことになる。

文化による教育効果

参勤交代の道中は、各地の言葉や歴史などを学ぶ機会にもなった。見識を広げるということは、重要な社会教育である。文化面だけでなく産業面でも大きな教育効果をもたらしただろう。参勤交代は経済発展にとって重要な教育の役割も担っていた。

これは、ＳＤＧｓの「質の高い教育をみんなに」のひとつ「文化多様性と文化の持続可能な開発への貢献の理解の教育」[*6]に該当する。江戸幕府の参勤交代はＳＤＧｓにも通じていた。

(3)　参勤交代の成功

江戸幕府が２６５年間と長く続いた背景には様々な要因がある。そのなかでも経済政策の重要性を忘れてはならない。

江戸時代、日本に経済学があったわけではない。参勤交代に経済効果があると考えていたわけでもないであろう。だが、参勤交代には、ケインズ政策、新古典派の学説に沿った経済効果があった。これまで述べてきたように、参勤交代がコンスタントに江戸時代の経済を支え安定化させていたことが窺われる。ＳＤＧｓに「平和と公正をすべての人に」とあるが、この制度は日本国内の平和維持と資源の再分配をある程度成し遂げていたといえよう。

(4) 現代版参勤交代のすすめ

地方歩きのテレビ番組

現代、歩行は経済面でどのように活用されているであろうか。

そのひとつに、歩くことを主としたテレビ番組があげられる。制作費が少なくて済むからであろうか、近年は歩くことをテーマにした番組が花盛りである。

公共交通機関で移動し、降りたところから次の駅まで歩くという番組もある。まさに費用対効果は大いにプラスであろう。ただ歩いているだけでは間延びしてしまうところ、面白おかしく制作しているのは見事である。こうした番組では、歩く速度でその地域をゆっくり見られる。いわば江戸時代の参勤交代による文化の伝播役をテレビ番組が担っているともいえる。

鉄道網や高速道路網が全国に張り巡らされ、航空機で日本全国が日帰りで行き来できる時代である。そのような時代だからこそ、歩くことが顧みられ、歩きながらの交流が重視されると思われる。

このように歩行のメリットが活かされ、歩行が経済的にプラスになる事象は、ほかにもあるはずである。

街道歩きのすすめ

養老孟司（２００３）は逆参勤交代を提案している。逆参勤交代とは、１年のうち、３か月は田舎で暮らし、そのあと都会に戻って会社勤めを再開する生活を義務化する制度である。都会で生活する人が田舎で自然に触れることで、環境課題の解決なども期待できる。

すぐに実行するのは難しいかもしれないが、コロナ禍でテレワークが定着しつつある現在、さらに政府が推奨するワーケーションが定着したとすると、養老氏の提案はあながち非現実的とはいえなくなるかもしれない。

ところで、むしろ、ここで提案したいのは、旅行に行く際、鉄道などの交通手段を使わず、歩いて行ってはどうかということである。東京から京都まで歩けば、まさに東海道を歩くことになる。お伊勢参りでもよい。途中の小田原をゴールにしてもよい。

コロナ禍が終わったら、東海道五十三次をゆっくり歩くのもよいと思われる。日本橋から歩き始めたら最初は品川での宿泊であろうか。次は川崎で宿泊、その次は神奈川（現在の横浜市神奈川区）であろうか。ゆっくり歩いてもっと小刻みに宿泊してもよい。箱根の峠も越えて京都までゆっくり歩いていけばよい。今年は東海道、来年は中山道、さらに次の年は……というように、いろいろな街道を旅するのもよいだろう。

江戸時代において歩行は主要な交通手段であった。高い経済効果があったという考察を行った。こうした知識を現代に応用し、歩行イノベーションを図っていこう。技術上のイノベーションだけでなく、現代版参勤交代のような考え方のイノベーションを図る。自分の足で見て回ることで文化を運び、文化を吸収する。花粉の代わりに文化を運ぶミツバチになろう。

現代版参勤交代も最初は東海道が中心になろう。他の街道は大型自動車が通るわりには歩道が狭い、そもそも歩道がないという危険がある。峠のトンネルも危険だろう。野生動物もいるかもしれない。今後、少しずつ現代版参勤交代の考えが広がっていけば、こうした箇所の歩道の整備も進むであろう。その他の新しいインフラ整備も起こり、公共事業効果が生まれる。

考え方のイノベーションと実行は、現実に様々な経済効果を生み出す。参加者が増えれば増えるほど、地方の街道が充実し、経済効果も大きくなっていく。

適度な距離に休憩施設や宿泊施設がある、安心安全に歩けるようにする、何かあったときはすぐタクシーを呼べたり助けが駆けつけてくれたりするような体制を整備する。パトカーの代わりにドローンが空中からパトロールをしてくれるのもいいだろう。こうした新しい制度、インフラ、組織の整備が必要であるが、技術が進歩し続けている現在では決して夢物語ではない。

今後、日本ではシニア世代がより増加し、健康第一のために皆が歩くことを重視するようになるであろう。そのとき歩行のための安心安全な環境づくりが重要となる。そして、その環境づくりは

ＳＤＧｓやカーボンニュートラルの精神とも合致する。
技術のイノベーションで世の中はより便利になる。しかし、それだけでは身体を楽させるばかりで健康を害しかねない。40代以降の世代は歩行という人類の原点に戻るべきではなかろうか。社会の新たな発展形を築くためにも現代版参勤交代を実現できたらと考えている。

一口メモ⑭　カーボンニュートラル

カーボンニュートラルとは、環境用語のひとつであり、生産活動により排出される二酸化炭素と大気中から固定される二酸化炭素の量を同じにすることである。２０５０年までに二酸化炭素などの温室効果ガスの実質的排出量ゼロを実現することが目指されている。ＳＤＧｓの「気候変動に具体的な対策を」に整合する。

歩行中心の生活はまさに二酸化炭素削減を実現するであろう。利便性を追求するより負効率を追求した方が、この目標は達成されやすい。

しかし、歩行がいくらＳＤＧｓやカーボンニュートラルに適合するといっても、他の交通手段に比べ負効率の方が目立つ。とくに自動車や自転車との事故は都会でも地方でも無視できない。その負効率と共存できれば、歩行がプラスの経済効果となりうる。マイナス面、つまりリスクに注意しながら歩行を前向きにとらえる工夫をしたい。

3　歩行のリスク

(1)　エスカレータでの歩行禁止

歩行では自動車や自転車との事故に注意が必要であるが、歩くこと自体にも危険が伴う。その一例としてエスカレータでの歩行がある。

２０２1年3月に埼玉県で「埼玉県エスカレータの安全な利用の促進に関する条例」が公布された。エスカレータ上では立ち止まらなければいけないという条例である。エスカレータでの歩行の危険性はこれまでも指摘されてきたが、いよいよその禁止が条例として動き出した。

例えばＪＲ東京駅では、乗り換えのために歩く距離が長く、高低差も大きく（一駅分くらいの移動距離に、地下3階から地上2階までの高低差）、長いエスカレータや動く歩道が多数設置されている。

駅側はエスカレータ上で歩くことを控えるよう利用客に呼びかけている。

しかし、今や日本では、エスカレータ上で歩く人のために右か左の片側を空けるという習慣が定着している。鉄道会社側は、転倒して怪我をする人が多いので、トップダウン的にこのルールを変更しようとしている（実のところ東京駅のエスカレータを歩くにあたり筆者も何回か転んだことや転びそうになったことがある）。

しかし、駅側の呼びかけに利用客が従わない現状がある。その理由の第一は、行動経済学でいうところの習慣化（一口メモ⑬参照）である。何十年にもわたる習慣化や同調行動（これも行動経済学の用語のひとつ。一口メモ⑮参照）の結果、もはやエスカレータ上を歩くという行動は無意識のなかで行われている。

同調行動は他の人が並ぶから自分も並ぶという安易な行動を指す。エスカレータでは、他の人が歩くから自分も歩く、他の人が片側を空けるから自分も空ける、というように他の人に合わせているのだ。そもそも、この片側を空けるという行動は、かつて鉄道会社側も推奨していたことだ。駅側が「歩く人のために片側を空けてください」とお願いしていたのである。その名残が同調行動として残っている。

東京駅などでは、エスカレータだけではなく、動く歩道も組み合わさっている。動く歩道では急ぐ歩行者用に片側を空けるというルールが今もあり、エスカレータとは異なっている。そのため皆の同調行動がさもルールとして機能している。

第二の理由としては、行動経済学でいう認知的節約（一口メモ⑬参照）による習慣化がある。毎日の通勤で東京駅を利用する人たちは乗り換えのために長い距離を移動しなければならず、その移動時間を計算して通勤している。彼らは家を出る時間も決まっている。長いエスカレータ上を歩けば予定通りの時刻に到着するということを無意識に習慣化してしまっている。

これらの理由から、利用客はエスカレータ上を歩く。歩くことで時間が節約できる。マナーが悪い、ルールを守らないという問題だけでなく、習慣化されてしまった問題、駅の構造的な問題であるともいえる。

交通工学が専門の元田良孝岩手県立大学名誉教授が、エスカレータの利用者全員が2列に並んで歩く場合と全員が立ち止まったままの場合とで輸送力の比較研究を行った。全員が立ち止まったままだと1時間あたり4千人の輸送能力になるが、全員が歩くとその1・5倍の6千人に上昇するという[*7]。

「エスカレータ上で歩かない」というルールが実際に守られると、高速道路における渋滞と同様の問題が生じる。高速道路では、目に見えないくらいの緩やかな上り坂で自動車が減速し、それが渋滞の原因になる。東京駅のエスカレータでも深い地下から上階へ登るのに何回も乗り換えるとしたら、そのたびに乗り場に渋滞に遭遇することになる。東京駅のように空間に余裕がないところでエスカレータごとに渋滞が発生すれば、いっそう混雑を極め、割り込みや押し合いで揉める恐れがある。それを避けたい。渋滞の問題を乗客自らのルールで解決しているわけである。

この問題をどう解決すべきか、経済学的に考えれば、エスカレータで歩くことによって時間が節約でき、目的地に早く着く、家をゆっくり出られてストレスの減少につながるというメリットと、転倒して怪我をした際の治療費、生涯損失、精神的ダメージというデメリットを比較して、どちらが大きいかということになる。

根本的に解決する方法は、遠く高低差のあるホーム間の移動距離を短くすることであるが、これは簡単ではない。もうひとつ、歩くのが嫌になるほどの長いエスカレータを設置するという解決策もある。羽田空港第二ターミナルの国内線の長いエスカレータ（地階から2階までのエスカレータ）は、よほど乗り遅れそうでもなければ、歩く人はほとんどいない。習慣化で歩くような人もいない。見上げただけで歩く気が失せる長さである。しかし東京駅での歩行禁止呼びかけ活動の対象は、歩いて登ることができる距離のエスカレータなのである。通勤客の歩行禁止の実現は難しそうに思える。次善の策として転んでも怪我をしない方策を考えるのも必要であろう。

一口メモ⑮　同調行動――バンドワゴン効果、ハーディング現象

他の人がやっているから自分も同じことをやるという認知的節約のひとつである。自分で考えずに他の人たちの行動に従って判断する。そのときの基準が「他の人がやっている」ということなのである。

昔、「赤信号、みんなで渡れば怖くない」という漫才があった。これが実践されているのがアメリカのニューヨークのマンハッタンである。青だろうが赤だろうが、少しでも自動車が来なくなると人々は横断歩道を渡る。法律よりも同調行動が優先されている。

(2) 歩行者と自転車

歩いているときに自転車にぶつかられた経験がある人は多いのではなかろうか。自転車道と歩行者道が区別されている歩道もあるが、実際は双方とも守らず混在状況になっている。また、自転車の「押し歩き」の箇所でも自転車に乗って移動する人が大半である。押し歩きしている人を見かけることの方が少ない。

「道路の交通に関する統計」（警察庁）によれば、2009（平成21）年には年間2946件であった自転車対歩行者の事故が、10年後の19（令和元）年には2692件に減少した。これは確かに喜ばしいことであるが、社会が様々な面で大きく変化したことを踏まえると、微減に過ぎないといえよう。

道路交通法上、自転車は自動車の部類に入り、歩行者が優先である。しかし、自転車に乗っている人の多くは、自分たちは歩行者に毛が生えた存在と考えている。その意識が事故を引き起こす。しかし、その考えはあながち間違えというわけではない。歩行を手助けするのが自転車であり、歩行の補助手段という解釈もできる。歩行に自転車を取り入れることによって移動を効率化させているのである。だが、いくら便利だといっても、やはり安全の確保は必須の課題である。自転車とぶつかって高齢者が怪我をし、生き甲斐にしていた活動をあきらめざるをえなくなるケースもある。

歩行者と自転車の事故では、自動車のドライブレコーダのようにどちらに原因があるかを正確に判定できる証拠がない場合が多い。どちらが悪いかといった争いになれば高齢者の心理的負担はさらに大きくなってしまう。無保険の自転車事故では泣き寝入りせざるをえない。歩行には安心安全が第一に保障されなければならない。

歩行者が怪我をするという負効率を解決するためには、自動車のように自転車の安全技術を向上させるべきである。自転車側の罰則強化も必要である。実際、２０２２年10月より自転車の違反への取り締まりが強化された。運転者の良心に頼るだけでは限界がある。社会の負効率をプラスに変えるためには、安全面の保障が必要条件であろう。

(3)　歩きスマホの危険性

「歩きスマホ」には歩きながら情報を得られるというメリットがあるが、転んで怪我をしたり、他人とぶつかって怪我をさせてしまったりというデメリットの方が大きかろう。しかし実際は、駅のなか、歩道、道路、いたるところで歩きスマホが常態化している。

２０２１年７月、歩きスマホをしながら踏切を渡っていた女性が電車と接触する事故が発生した。[*8] 歩きスマホをしていて自分は踏切の外にいると思い込んだまま踏切内で立ち止まり、電車に轢かれてしまったという痛ましい事故であった。

自分自身にとってのデメリットだけでなく、他人に迷惑をかけるというデメリットもある。今や、歩きスマホをしている人がいれば、周囲の方がぶつからないように配慮しているくらいである。ときに、自分にとってメリットにはならないと知りながら他人に注意するという負効率も発生している。歩きスマホをしている人が多くいれば、周囲がやっているから自分もやってしまおうという気持ち（同調行動）も起こりうる。

最近ではスマホを見ながら自転車に乗っている人もいる。自転車と歩行者がぶつかると、歩行者同士よりも大怪我になるリスクが高いし、場合によっては重大犯罪として扱われる。なかには歩行者にぶつかってもそのまま逃げてしまうこともあるという。

もっと質の悪いのはスマホを見ながら自動車を運転することである。今や、歩いているだけでリスクにさらされる時代である。歩行者の側もよりいっそう気をつけなければならない。

スマホ（スマートフォン）という画期的なイノベーションは、他方で歩きスマホ、自転車のスマホ運転などのリスクを惹起した。新たに発生したリスクを、ルール（法律など）の設定により減らしたり、経済行動のなかで減らす仕掛けをつくったりする努力をしなければならない。

一口メモ⑯　歩きスマホの人は減らせるか？

佐藤と芳賀（２０１５）の研究に、歩きスマホの人とイヤホン歩行（イヤホンをつけて音楽を聴きながら歩行すること）の人へアンケート調査を行い、その結果を分析したものがある。２人は、両者（歩きスマホ、イヤホン歩行）ともにリスクさえ認識させられれば、彼らの行動を抑制できると結論づけている。

世間で危険と認知されているにもかかわらず「自分は大丈夫」と考え、そのリスクを低く見積もることを、行動経済学では加重確率という。確率が比較的高いと、逆に人はそれを低く見なしがちになるという。それも歩きスマホやイヤホン歩行がなくならない要因であろう。安全教育を施すことで、これらを減らせるという研究成果は興味深い。

4　歩行を経済財へ

(1)　歩行と健康

健常者にとって歩くことは気軽に行える行動のひとつである。歩くことは手軽で、健康によく、気分転換にもなる。歩くという行動について深く熟慮することは希であろう。歩くという行為は、行動経済学における認知的節約の最たる例かもしれない。

多くの人が散歩やジョギングをして健康を維持しようとしている。近所の河川敷を散歩していると相当数の人とすれ違う。コロナ禍以降テレワークが広がり、運動不足に不安を抱える人が増えたからであろうか、散歩やジョギングをする人はさらに増えてきた。

歩行はそれだけ気軽に行える行為である。とりわけ高齢者にとっては重要なことだ。本書において、これまで認知的節約や習慣化という用語をあまりよい意味で使ってこなかったかもしれない。しかし、これらの言葉がもともとよくない意味を持っているかというと、決してそんなことはない。思慮をめぐらせなくてもよい行動はときに気晴らしになるし、それに運動が伴えば健康に寄与することになる。

このように歩行は人々の健康維持に役立ち、ひいては医療費の節減につながる。また、自動車のように化石エネルギーを使わないので二酸化炭素の排出量削減にも寄与する。歩行は経済を間接的に助ける行為なのである。

今後さらに歩行が充実した新たな社会を実現するために、歩行の経済財化と安全な歩行環境の整備が重要である。

(2) ウォーキングポイント

近年、歩行をポイントに変えて経済財と交換できる仕組みがつくられつつある。[*9]

実用化されているもののひとつに「ウォーキングポイント」がある。歩くとその歩数に応じてポイントが付与されるのである。これを提供しているのは民間や行政機関など様々であるが、いずれもスマートフォンを活用しているところに特徴がある。

貯まったウォーキングポイントは協力店で金銭として使用できたり、景品などと交換できたりする。ときにクーポン券や電子マネーに換えられることもある。こうした新しいウォーキングポイントがぞくぞく登場している。経済的なポイントを付与することで人々を歩行へ導くことに成功している。

(3)　歩行エネルギーによる発電

ウォーキングポイントもよいが、現代の技術進歩を踏まえると、もう一歩、欲張った提案ができると筆者は考えている。歩行の際に生み出されるエネルギーを電力などの経済財に変換できないであろうか。つまり、歩くという行為が電力を生み出し、対価として金銭に変わるのである。

２００８年10月17日の日刊工業新聞に「ＮＴＴ、歩くだけで発電できる『歩行発電』の試作機開発」とある。[*10] つまり、だいぶ前から歩行による発電が可能になっていたのだ。今ではさらに進歩していることが期待される。

歩行した距離などをポイントとして付与し、健康維持を促すだけでは物足りない。例えば、靴に蓄電の能力（靴のなかに発電・蓄電装置を埋め込むなど）を持たせ、その蓄電量を歩行量のバロメータにするのはどうであろうか。あるいは帽子やスポーツウェアに太陽光発電を備え付けるのも面白いかもしれない。発電や蓄電装置の性能は年々上がっている。数年後の未来には、歩行するだけで生活に必要な電力が生み出せるような社会になっているかもしれない。

何ごとも具体的な目標を設定した方が取り組みやすく、それは健康管理も同様であろう。1回の散歩での発電目標を設定し、それが経済価値を生むとなれば、進んで行うことになろう。散歩やジョギングが個人の健康維持だけでなく社会貢献につながるようなイノベーションを期待したいところである。

(4) 歩行者の安全管理

歩行の可能性を広げると同時に、その安全性も高めていかなければならない。歩行時のリスクを減らす方策として、インフラなどのいっそうの整備に加え、歩行者用のドライブレコーダ（ウェアラブルカメラ）を提案したい。技術的には実現可能だが[*11]、普及しない理由として、盗撮に悪用される、もしくは盗撮と間違えられるリスクがあるようである。かつてパナソニックが眼鏡にカメラが仕組まれた製品を売り出していたが、いつのまにか販売されなくなってしまった。確かに、行きかう人を無断で撮影するわけであるから、プライバシー保護の観点から実用化は難しいのかもしれない。

しかしながら、事故が多い現代においては、何かしら映像で正確な状況証拠を残すシステムは必要と思われる。また、歩行者用のドライブレコーダ（歩行用レコーダ）は交通違反や犯罪の抑止力にもなる。プライバシーの問題に抵触する面が大きく実用化には時間がかかるかもしれないが、純粋な経済学の観点からは浸透した方がよいと考えている。

(5) 歩行は長期的にメリットを創出

歩行は自動車などと比較して圧倒的に遅く、「時は金なり」の世界においては負効率の最たるものである。しかし、その負効率には、様々な経済効果や文化・教育、健康維持、温暖化防止などの価値を生み出す可能性が潜んでいた。

従来の経済学は、ある行動の価値（行うか行わないかの判断）を便益から費用を引いた費用便益計算で検討してきた。プラス面が便益、マイナス面が費用（リスクなど）である。局所的な見地から考えてしまうと、歩行は「遅い」というマイナス面が目立ってしまう。しかし、大局的な観点で考えると、その「遅い」という負効率のなかには様々なプラス面があることを確認できた。今後、社会が進展するにつれて、このプラス面をより大きくすることは可能であろう。

先述したポイント制も一例であるが、社会が知らず知らずのうちに我々を「歩く」という行為に誘導する方法（ナッジ）は、ほかにもあるだろう。本章では、歩行という行為を明確に経済活動として取り扱う第一歩を示せたと考えているが、今後も歩行を経済の重要な要素として分析対象とすることを提案していきたい。

一口メモ⑰　ナッジ

従来の経済学では、各人は効用を最大化した行動をしていると仮定されていた。個人の需要曲線のひとつをとっても図8-1の右下がり曲線D上のいずれかの点を選択していると考えられた。しかし、人は必ずしも自身の効用を最大化するようには行動しない。これは経済学が成立したアダム・スミスの時代から明言されていたことである。

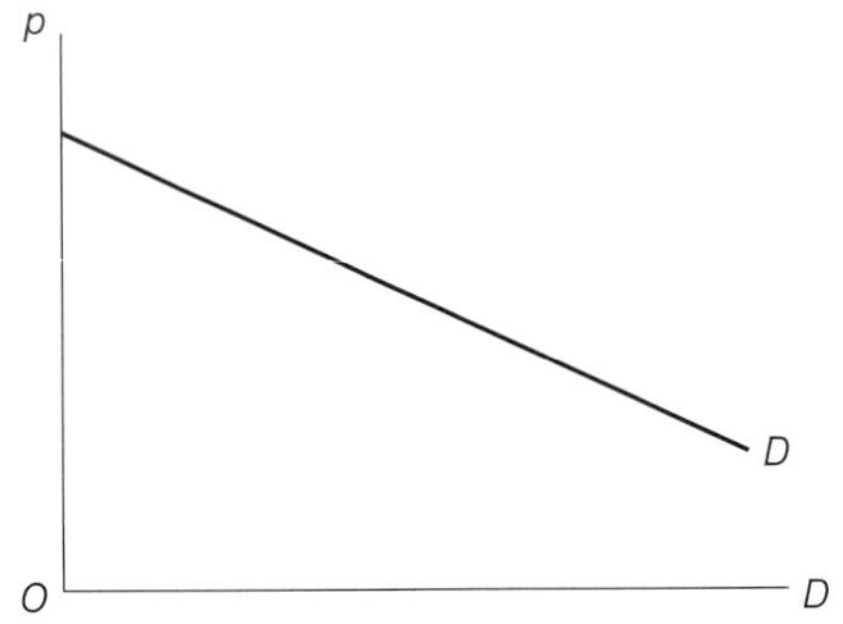

図8－1　個人の需要曲線

注：図1－3を個人単位にして再掲。

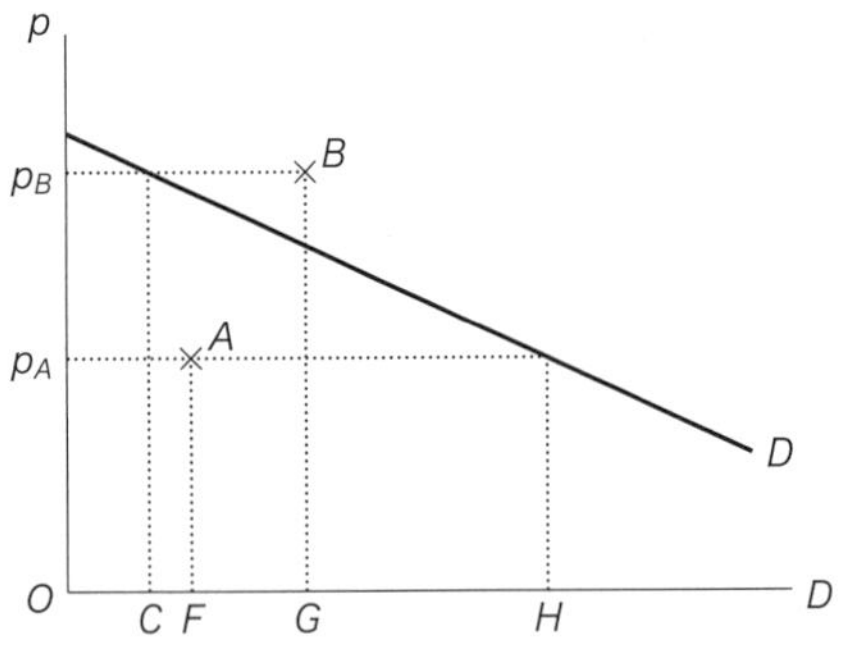

図8－2　現実的な点：個人の需要曲線外の点

注：図1－4を個人単位にして再掲。

図８−２を見られたい。仮にある財の価格がP_Aならば、個人はOH分の数量に対応する財を購入すれば効用は最大化される。しかし現実ではOF分の数量しか購入しないことも多い。

他方、P_Bの価格であったならば、OC分の数量しか購入したいと考えないはずであるが、実際はOG分を購入してしまうことがある。

つまり、消費者にとって効用が最大化される需要曲線上で財が購入されることは、ほとんどない。人間は不合理に行動してしまうものである。

そこで、政府などが各人の自由な選択を残しつつも、おのずと望ましい行動へ誘導する手法をナッジという。ナッジは肘という意味で、手を引っ張るのではなく、肘で柔らかく突ついて各人を望ましい行動へ誘導するという意味である。

ここで縦軸に歩行の価値、横軸に歩行量をとったとき、ナッジによって社会的な効用が最大となる需要曲線上の点に誘導することが望まれる。

注

＊１　仙台藩の記述、および現在の金額への換算については渡邊（２０１６）を参考とした。

＊２　日本銀行金融研究所貨幣博物館「江戸時代の１両は今のいくら？——昔のお金の現在価値」によると、米で換算した江戸時代の１両は６・３万円だそうである（https://www.imes.boj.or.jp/cm/history/edojidaino1ryowa/　２０２２年12月31日閲覧）。

＊3　土佐藩の例は渡辺（２００７）を参照のうえ推計している。
＊4　次を参考にした。いよぎん地域経済研究センター「知る人ぞ知る愛媛の観光地――四国中央編　江戸時代にタイムスリップ　新宮町に残る参勤交代の道をゆく」２０１７年10月31日、http://www.iyoirc.jp/post_industrial/post_industrial-4583/（２０２１年１月７日閲覧）。
＊5　忠田（２００３）および丸山（２００７）、山本（１９９８）、久住（２０１９）を参考にした。
＊6　外務省「ＳＤＧグローバル指標　４：質の高い教育をみんなに」『ジャパンＳＤＧｓアクションプラットフォーム』https://www.mofa.go.jp/mofaj/gaiko/oda/sdgs/statistics/goal4.html（２０２３年３月18日閲覧）。
＊7　「エスカレーター『歩かないで』　鉄道各社、習慣に反旗」『日本経済新聞』２０１８年12月26日、https://www.nikkei.com/article/DGXMZO39352990V21C18A200000/（２０２２年１月６日閲覧）。
＊8　「電車にはねられ女性死亡〝歩きスマホ〟で……」『日テレＮＥＷＳ』２０２１年７月14日、https://news.ntv.co.jp/category/society/905959（２０２３年４月20日閲覧）。
＊9　ドットマネー編集部「歩いてポイントを賢く貯めるアプリ10選　お得な交換先をチェック」『ドットマガジン』２０２１年１月29日、２０２１年６月24日更新、https://d-money.jp/dotmagazine/articles/85208461086392153（２０２１年７月19日閲覧）。
＊10　「ＮＴＴ、歩くだけで発電できる『歩行発電』の試作機開発」『日刊工業新聞』２００８年10月17日、https://www.nikkan.co.jp/articles/view/40336（２０２３年２月６日閲覧）。
＊11　インターネットで「ウェアラブルカメラ」と検索する複数の製品がヒットする。

参考文献

久住祐一郎　２０１９『三河吉田藩・お国入り道中記』インターナショナル新書。
佐藤秀香・芳賀繁　２０１５「街路歩行時の携帯電話操作とイヤホン使用に影響を及ぼす要因の研究」『立教大学心理学研究』57、37～50頁、https://search.yahoo.co.jp/search?p=Rikkyo+Psychological+Research&fr=top_ga1_sa&ei=UTF-8&ts=1119&aq=-1&oq=&at=&ai=11b48636-9149-46f6-bed1-4ff2c8ab9b4a（２０２２年12月31日閲覧）。
忠田敏男　２００３『参勤交代道中記――加賀藩史料を読む』平凡社ライブラリー。
丸山雍成　２００７『参勤交代』吉川弘文館。
山本博文　１９９８『参勤交代』講談社現代新書。
養老孟司　２００３『いちばん大事なこと』集英社新書。
渡辺誠　２００７『図説大江戸さむらい百景』学研プラス。
渡邊洋一　２０１６『仙台藩の参勤交代――仙台から江戸へ３６０キロ』歴研。

第９章　タクシー業界の負効率

――ＡＩが普及したらなくなる職業？

　技術革新が進むとなくなるといわれている職業のひとつに「運転手」がある。すでにバスやタクシーの自動運転は実用実験がなされており、将来、人が運転するタクシーなどは負効率になりかねない。しかし、少し考えるだけでも、そうした見方は再考の余地があることが分かる。

　現在のタクシーは人による運転が１００％だが、そのタクシー業界は客離れが著しいという。これは運転手が人であるがゆえの問題を含むであろう。運転手同士が走行距離を競い合っているからどうしてもサービスが低下してしまう。通常、競争はサービスの質を向上させるが、あまりに激しい競争状態はサービスを低下させることにつながる。将来、人の運転手は機械の運転手とも競い合うことになると考えると、タクシー業界の悩みは深い。

　ＡＩによる自動運転が普及すると、人が運転するタクシーは機械に負けないサービス（運転技術）を提供する必要が出てくる。

1　タクシー業界の不振

(1)　タクシー業界の現状

タクシー1台の1日あたりの売り上げは2018年の時点でリーマンショック前の2007年に届いていない。[*1] 輸送人員も18年は13億9079万7千人で、2007年の21億3735万2千人の3分の2である[*2]（図9-1）。一見したところ乗用車のかわりになり便利であるにもかかわらず、需要が減少している。

経済学では値段が高いと需要が落ちる。タクシーの料金が高いから需要が落ちたのだと考えがちだが、実際のところ乗用車を購入して維持するよりは安い。それに短距離を大勢（相乗り）で移動する場合には電車やバスで移動するよりも低価格である。しかし、新型コロナ騒動も理由のひとつであるが、それ以前からタクシーの需要問題は深刻だった。

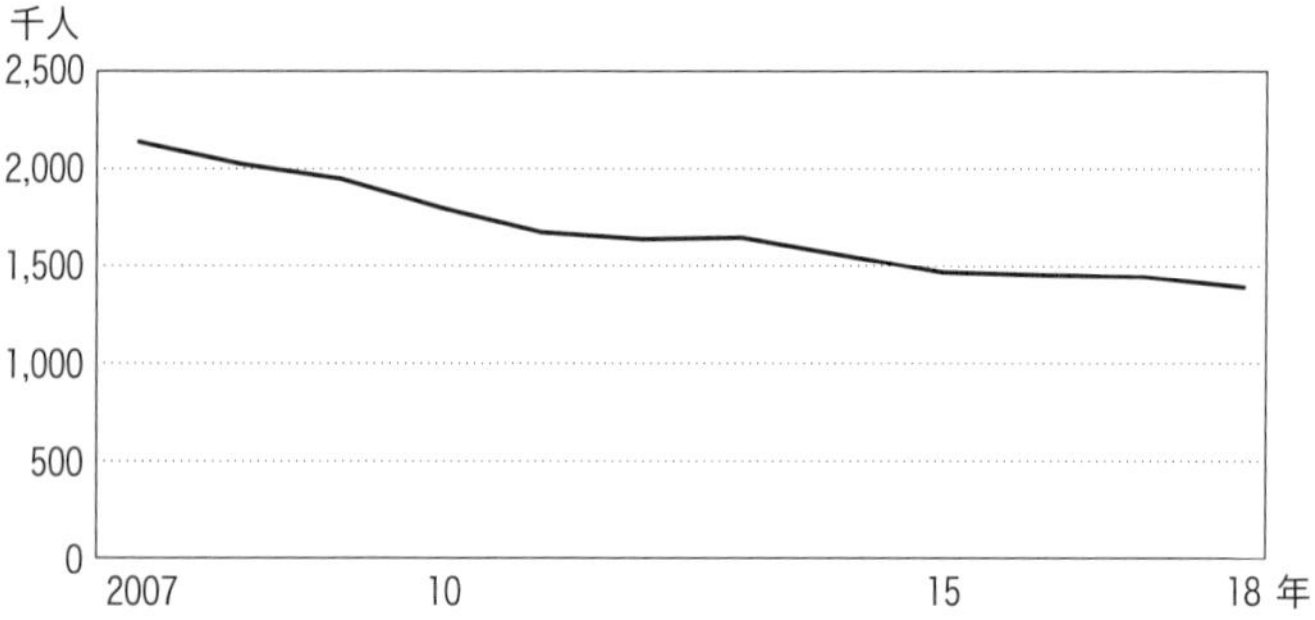

図9-1　タクシー輸送人員の推移

出所：国土交通省「数字で見る自動車2020」（https://www.mlit.go.jp/jidosha/jidosha_fr1_000047.html 2023年4月15日閲覧）を参考に筆者作成。

イノベーションは、創造的破壊といって、既存の労働者の仕事をなくしてしまうかわりに新たな仕事をつくりだし、労働者を吸収する。機械運転と人の運転がいかにサービスを差別化し、どう共存していくかが、今後のタクシー業界の課題となろう。

(2) タクシーの質をめぐる課題その1

タクシーのサービスについてはかねてより課題が多い。夜、首都高速で制限時速の60キロで運転していると、猛スピードでタクシーが隣を抜き去っていく。道がすいているから、早く戻って次の客を見つけたいから、など様々な理由があるのであろう。昼間であっても制限速度内で首都高速を走行しているタクシーを見つけることは難しい。この現象は近年だけのものではなく、昔から当然のように見られる。かつて、成田空港と都心の交通が不便だった頃、東関東道を猛スピードで飛ばしてくる車があった。やはり、タクシーであった。それを見て筆者は、成田空港からのタクシーには乗るまいと決意したほどである。

高速道路を走るタクシーに乗るような場合、乗客は見ず知らずの運転手に命をゆだねることになる。彼が事故を起こせば命を落とすかもしれない。また、高速道路のスピード超過ほど頻繁ではないが、一般道路で強引に車線を変更するタクシーを見かける。黄色信号でもスピードを加速して進んでいく。これでは事故の可能性も高まるであろう。

たまたま乗車した見ず知らずのタクシー運転手に命まで預ける契約はしていない。なのに、現実には命を脅かされることにもなってしまう。他方、過度にスピードを出したタクシー運転手は乗客に対して、俗にいう「タクシーアレルギー」を生むことになる。これは乗客が事故の起こる確率を現実以上に高く見積もるものだ。

横浜には、客席にボタンのついたタクシーがあるそうだ。ゆっくり走ってほしいときはそのボタンを押せば運転手はそれに対応してくれる。[*3]非常によい試みではなかろうか。これを全国のタクシー業者が取り入れれば、タクシーに乗客する数は増えるのではなかろうか。少なくとも、「法定速度を守らないから」ということを理由にタクシーに乗らない人をタクシーに惹きつける有力な手段となろう。

(3) タクシーの質をめぐる課題その2

運転手が人であるが故にタクシーアレルギーを生んでしまう要因が、ほかにもある。客が近距離の移動でタクシーを利用するとき、不快がる運転手が未だにいるのである。また、支払いで1万円札を出そうものなら「めんどうだ」といわんばかりの運転手の態度に、不快な気持ちにさせられることもある。

タクシー運転手の10人のうち9人が親切であっても、ひとりでも不快な態度を見せる運転手にあたってしまうと、その経験は嫌な記憶として残る。タクシー全体のイメージが悪くなるのである。タクシーに乗っていて「わざと遠回りをされた」と感じるときもそうであろう。タクシーに乗った際は道順を確認した方がよいというが、乗車のための一時停止中に説明などしていられないし、走り出したら安全のために運転手に話しかけたくはない。

新大阪駅のタクシー乗り場には２０２０年まで近距離専用の乗り場があった。タクシー運転手が近距離の乗客と一目で分かるようにとつくられたそうだ。これはタクシー運転手だけでなく乗客にとっても嬉しい対策であった。しかし、この近距離専用の乗り場は20年に廃止されてしまった。タクシーがその乗り場に行かなくなってしまったことが原因である。[*4] タクシー運転手がいかに近距離で利用されることを嫌がっているかが窺える。

近年はＭＫタクシーなど親切なサービスのタクシーが登場したが、規制があり、なかなか範囲を広げられないのが現状である。

(4) 経済理論的な説明その1――タクシーアレルギーと加重確率関数

タクシー運転手が事故を起こす確率は、実はものすごく小さい。いやな運転手に遭遇する確率も実は小さい。しかし、小さい確率であっても大きく感じてしまう行動経済学の理論がある。それがプロスペクト理論における加重確率関数である（水野・土居 ２０２１：39~42）。

ある事象が起こる確率の高い場合には、理論的な客観確率よりも確率を低く見積もり、起こる確率が低い場合には、客観確率よりも高く見積もってしまう。図9-2における点線が実際の確率、そして実線が体感として感じている確率になる。

ある事象が起こる確率の高い領域では、点線の方が高くなり体感的に確率は低いと感じている。逆に確率が低い領域では、体感確率の方が実際の確率よりも高くなる。

例えば宝くじは、大金のあたる確率はほとんど0にもかかわらず、多くの人が「あたるかもしれない」と期待を膨らませる。まさに加重確率の理論が示す通りである。

日常で繰り返し利用するものであれば、確率が低いからといって軽視することはできない。一度でも嫌な思いをすると、それが毎回起こるかのように錯覚し、避けるようになる。悪質なタクシー運転手に遭うことは客観的な確率では極めて低いのだが、その確率を実際よりも高く見積もり、恐怖を覚えてしまうのである。

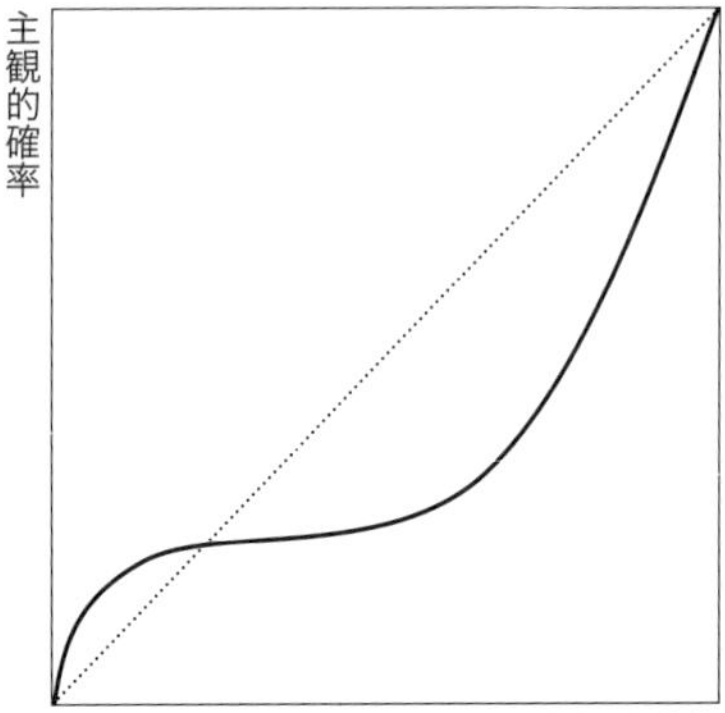

図9－2　加重確率関数

タクシー業界も事前指導は徹底しているだろうし、タクシー指導員を配置し違法タクシーの指導にあたっているであろう。しかし、小さな確率であっても、一度でも悪質ドライバーに遭ってしまうと、その確率を高く見積もってしまうのが人間の心理なのである。

一口メモ⑱　損失回避

人は、得をしたときの喜びよりも、損をしたときの心理的ダメージの方が長く記憶に残る傾向がある。損失を被ったときは、実際の損失以上の大きさを感じているのである。そのため、損失の可能性のある行動を極力避けようとする。これがタクシーに乗りたくないと考えてしまう要因のひとつである。タクシー業界はこの乗客の心理を重視すべきである。

(5)　経済理論的な説明その2――効率重視と同調行動

新大阪駅の例にあったように、タクシー運転手が近距離専用の乗り場に立ち寄らないというのは、人は費用と便益を比較して最も得をするような選択をするという従来の経済理論に従ったものである。

乗客を待って並んでいる時間のロスと、遠距離の乗客を乗せて得られる利益を天秤にかけると、利益の方が大きいのかもしれない。そうならばタクシーが遠距離の乗客にあたる確率の高い方の乗り場に並ぶのは合理的な判断だろう。

さらに、他のタクシーが近距離専用に立ち寄らないから自分もそうしようというのは、行動経済学の同調行動に従ったものであろう。同調行動とは「皆が並ぶから自分も並ぶ」という心理である

（一口メモ⑮参照）。特に新参の運転手などは皆が並ぶときは一緒に並んだ方がよいことがある。確かに、中長距離の乗客は上記のようにメリットが大きいし、近距離の乗客はトラブルになりやすいというデメリットがある。ベテランは長年の経験に基づき近距離専用を避け、新参のドライバーは同調行動によって避けていたのであろう。

2 タクシー改革と失敗

(1) 規制緩和

2000年代の小泉純一郎内閣の頃、タクシーの規制緩和がなされ、料金設定や増車が自由化された。タクシー業界に競争原理を導入して、サービスの向上と料金の引き下げを実現しようとしたのである。

ここで経済学の基本通り、顧客を得るために競争するようになれば、市場が拡大して、多くの客を引き付けるために乱暴な運転をしなくなる。近距離の乗客でも丁寧に対応してくれるようになる。規制緩和によってサービスの質が向上するという算段である。新規参入ができるようになり、タクシー会社の増車も可能になった。こうして多くのタクシー会社が今までのテリトリー以外の地域に参入し競争を繰り広げることとなった。

後述するように、規制は社会的余剰を減少させ、市場効率を落とす。市場原理の導入を目指す小泉内閣はタクシーの数量規制を緩め、新参のタクシー会社が参入し、既存のタクシー会社もタクシーの台数を増やせるようにした。しかし、その結果としてタクシーの過当競争が起きてしまったのである。タクシー運転手の労働は過酷になり、労働問題もさることながら安全上の問題も発生した。タクシーの規制緩和は小泉内閣の目玉政策であったが、市場原理を導入することの難しさを露呈することになってしまった。結果、規制は2013年に再び強化されている。[*5]

(2) 経済理論的な説明――余剰分析

規制緩和についてミクロ経済学の理論を用いて説明しよう（水野他 2018：第1章）。経済学では、余剰分析という考え方がある。図9-3では、ある財の国内の需要曲線と供給曲線が描かれており、点Aにて取り引きされている。△ABCは消費者が得した分（消費者余剰）であり、△CEAは生産者の利益（生産者余剰）である。消費者余剰と生産者余剰を足すと社会全体の利益△ABEとなり、社会的余剰と呼ばれる。

ひとつの地域にタクシーが多すぎると過当競争が起きるため、タクシー業界には料金の規制に加えて、台数の規制が設けられていた。

市場を自由にしておけば需要と供給の均衡点Aだけのタクシーの供給量がある。しかし、日本ではタクシーの数量が規制されているため、タクシーの台数は少ないGに抑えられている（図9-4）。

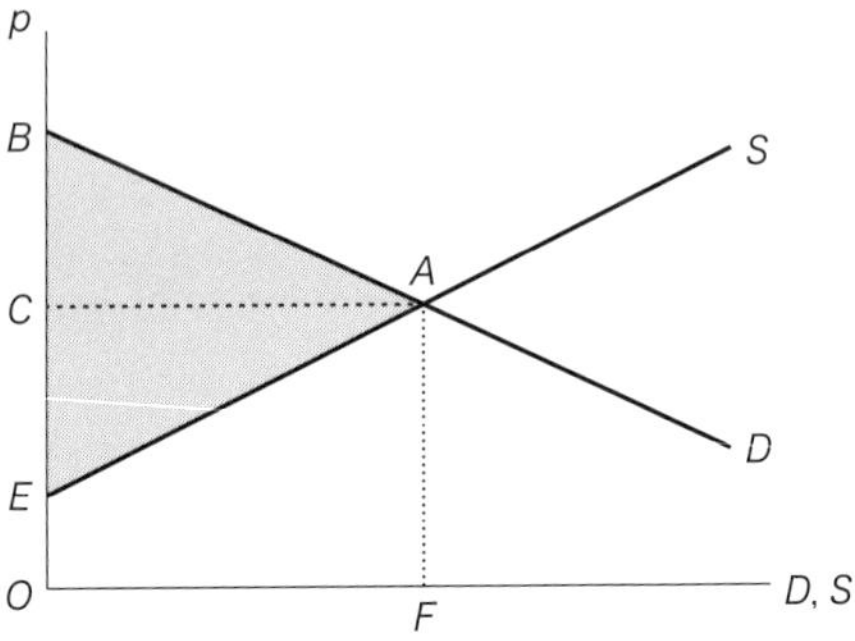

図９－３　規制のないときの余剰

注：図１－５を再掲。

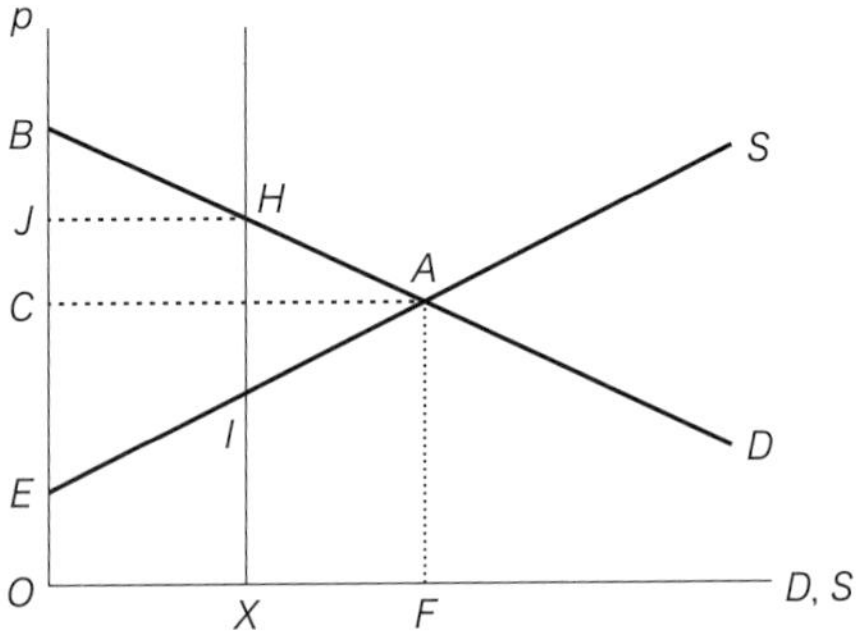

図９－４　政府による台数規制（数量規制）

注：図１－６を再掲。

その結果、実際に取り引きされる点はHになる。このことにより、供給側のタクシー会社の余剰は$\triangle ACE$から$\square HJEI$に変化した。他方、消費者余剰は$\triangle ABC$から$\triangle HBJ$に縮小してしまっている。自由市場に比べて社会全体の利益である社会的余剰は$\triangle AHI$だけ減少していることが分かる。

3　新しい競合相手の登場

(1)　アメリカ生まれのウーバー

ウーバーとは一般人が車で乗客を目的地に運ぶというタクシーに代わるサービスであり、アメリカでは以前から盛んであった。乗客がスマホで自分の位置と目的地を伝えると、ウーバーに登録している一般人の車が駆けつけ、目的地まで運んでくれる。相乗りが基本なので、近くに他の乗客がいればその客も乗せて目的地まで運んでゆく。(自分の車だけあって)運転が丁寧である。料金は利用者が登録しているクレジットカードから引き落とされ、運転手の口座に振り込まれるというシステムになっている。

かつてアメリカでは飲酒運転が事実上黙認されていた。公共交通機関の発達していない地方都市では、移動に自家用車を用いるしかない。アメリカでは大勢で集まってのレセプションやパーティ、友人や知人同士で家族を招待しあうディナーが頻繁に行われる。読者も映画やテレビドラマなどで賑やかなパーティやディナーのシーンを目にしたことがあるだろう。しかし、夜の街を歩くと強盗に遭うといわれていた頃のアメリカではタクシーが少なかった。パーティの帰りに自分で自動車を運転できなければ、このような文化は成り立たない。

しかし近年は飲酒運転の取り締まりが強化され、飲酒後の運転はできなくなっている。そのような折にウーバーが登場し、大きな反響を呼んだ。外出先でお酒を飲んでもウーバーを呼んで家まで安全に帰ることができる。

さて、ウーバーの登場によってタクシーの利用機会は少なくなるのだろうか。2022年現在、日本ではウーバータクシーは許可されていない。「安全のため」というのが政府の説明であるが、これはタクシー業界を守るためでもあろう。日本は道路が狭く急カーブも多いので、素人の運転では危険というのが説明であるが、自動運転が普及し、安心安全な機能を車が持つようになると、ウーバーの導入も難しいことではなくなる。

(2) 自動運転

今後、AIの登場により技術進歩は想像もつかないほど進展するであろう。危惧されているのは機械が人間の仕事を奪ってしまうことである。シュンペーターのいう創造的破壊（＝技術進歩で消える職業はあるが、新たな職業が生み出されて継続的な失業は発生しない）が成り立てばよいが（Schumpeter 1942）、AIとICTの進展、そしてロボットの登場は人間の仕事を奪う恐れがある。まさにSDGsの「働きがいも経済成長も」の「働きがい」が奪われかねない。

現在の若者たちはどのような認識を持っているのだろうか。筆者（水野）は大学生149名に「今後なくなる仕事」をアンケートで聞いてみた。その上位10位までが表9-1のようになっている。アンケート結果では、今後なくなる仕事の上位に「運転手」が来ている。自動車の自動運転技術は急激に進化しているため、実用化が進めば人間の運転手がいらなくなるのは容易に想像がつくであろう。特にトラック、路線バス、タクシー、電車などでは運転手が不要になることが予想される。電車ではすでにノーマン運転が始まっているようである。

ＡＩの自動運転ならば、タクシーが異常なスピードで走ることはないであろう。近距離だからといって運転手が不機嫌になることもないし、高額紙幣を出したところで嫌な顔をされることもない。対人ならではのタクシーの課題が解決されるかもしれない。しかもＡＩならば、タクシーを呼び出しにくい時間でも配車を頼めるようになる。将来は、タクシー登録された近所の自家用車が自動運転で駆け付けてくれるかもしれない。ＡＩによる自動運転技術が目覚ましい昨今、そのうちタクシーの自動運転も現実になるだろう。

表９－１　将来なくなると予想される職業

単位：人

運転者	79
会計（レジ打ち）	37
会計士　経理	30
小売店員	27
教師	27
運送業	17
受付（窓口）	13
医者	13
事務	8
土木	7

出所：筆者調べ。

注：2019年６月、大学生149名に対して「技術進歩でなくなる仕事を３つ挙げてください」と質問し、複数回答を可として回答を得た。

4　AIに勝るイノベーション――負効率を逆手に

雇用を守るためには人間ならではのサービスが必要になる。将来的にはアナログなイノベーションが雇用を守る鍵になるかもしれない。

荷物が多いときにタクシーの運転手がトランクに入れてくれる（ときもある）。タクシーのサービスが悪いといっても、それは一部の運転手によるものであり、大半の運転手は心優しく、安全な運転をしてくれる。

タクシーに見えるように手を上げれば、たとえ横断歩道を歩いている途中でも目の前で止まってくれる。違法ではあるが、客にとっては嬉しいことだ。ＡＩだとまさに法律通りの止まり方しかしないので、目の前に横断歩道があったならば、それを避けて止まるであろう（いや、もしかしたら止まらないかもしれない）。客が健常であれば大きな問題は生じないかもしれないが、例えば病気や怪我で歩けない場合もあるかもしれない。また、急病だから急いでほしい、赤ちゃんが生まれそうだから急いでほしいと言っても、ＡＩのタクシーだとピタッと制限時速を守って走るであろう。何ごとも杓子定規の対応になってしまう懸念がある。杓子定規が悪いというわけではなく、法律違反を推奨するつもりもないが、人間の運転手はＡＩと違い融通の利く場面が様々にあるということである。

これからのタクシー業界は人間にしかできない運転、サービスを生み出していくのがよいであろう。人の運転によるタクシーだからこそのサービスイノベーションが成功すれば、負効率に価値があることになる。例えば、高齢者を家のなかや病院のなかまで送迎するサービスをつけるのもよいかもしれない。ＡＩだらけの世の中になったら運転手との会話が恋しくなるかもしれない。乗客との会話などは、機械にはできない、人間の運転手ならではのサービスであろう。まだまだ伸びしろのある産業に思えるため、今後に期待したい。

一口メモ⑲　サービスイノベーションの提案

行動経済学の方法として、タクシーの運転手にコミットメントを求める方法がある（コミットメント効果）。不快な思いをしたら、あるいはスピード違反をしたら、料金の半額を返金しますと宣言させるのである。会社側もドライブレコーダやタコメーターで運転状況を把握できる。

また、タクシーの運転手にクラス別の資格を持たせるのはどうであろうか。10年間無事故無違反なら○級というように。高級な運転手なら多少割高な運賃となっても構わないと考える客はいくらでもいよう。乗客側からは乱暴な運転手も安全な運転手も区別がつかない。乗客に安全を保証する仕組みが重要であろう。

注

＊1　三井住友銀行コーポレート・アドバイザリー本部第2部企業調査部「タクシー業界の動向と今後の方向性」2018年8月。

＊2　一般社団法人全国ハイヤー・タクシー連合会「輸送人員及び営業収入の推移」http://www.taxi-japan.or.jp/content/?p=article&c=575&a=15（2023年2月9日閲覧）。

＊3　三和交通「タートルタクシーリニューアル！」2023年2月6日、https://www.sanwakoutsu.co.jp/press/2023turtletaxi.html（2023年3月18日閲覧）。

＊4　「新大阪駅の名物『近距離タクシー乗り場』廃止へ　混雑しても車両来ず　乗客から不満」『乗りものニュース編集部』2020年1月19日、https://trafficnews.jp/post/92966（2023年3月18日閲覧）。

＊5　本節は次の記事を参照した。「タクシー減車法案　アベノミクス規制緩和に逆行」『産経ニュース』2013年11月20日、https://www.sankei.com/politics/news/131120/plt1311200023-n1.html（2023年2月9日閲覧）。

参考文献

水野勝之・土居拓務・宮下春樹　2018『余剰分析の経済学』中央経済社。

水野勝之・土居拓務　2021『新行動経済学読本——地域活性化への行動経済学の活用』明治大学出版会。

Schumpeter, Joseph (1942). *Capitalism, Socialism and Democracy*, Harper & Brothers.

第10章　地方／都会の負効率
――人口循環の時期

1　若者の地方移住

(1)　コロナ禍が開いた地方移住の可能性

地方に移住してのびやかに暮らす理想を描いても、現実を考えると多くの困難が伴う。地方では雇用がない、買い物が不便、病院に行きにくい、塾などの教育施設が少ない……。さらに、その地域の文化になじめないという問題もあげられよう。近年、地方移住の需要はあっても、なかなか実現されていないのが現実である。

２０２０年に始まったコロナ禍は、社会が技術革新を急速に進める機運をもたらした。仕事はリモートで行えるようになり、学校の授業もオンラインで受講でき、医療もオンライン診療が受けられる。さらに、買い物の配達はドローンが行い、地域コミュニティなどの活動もＺＯＯＭやＳＮＳにより維持されるようになるかもしれない。すると、別に都会に住まなくてもよいという機運が高まってくる。こうした社会的機運の後押しにより移住がしやすくなると、これまで地方から都会へという方向にあった若者や現役世代の移住が、都会から地方へという逆方向の構図に塗り替えられる。

これからは、実際に住んでいるところは自然環境の豊かな田舎だが、接している世界は都会という田舎・都会のミックスされた世界が実現しそうである。

(2) リモートワーク

新しい社会生活

コロナ禍を契機に、リモートワークやワーケーション、オンライン授業が推奨され、新しい社会生活が提案された。一時的に感染の波が落ち着くと、元通りの出勤や、顔を合わせての仕事や授業に戻り、そしてまた新しい波が来るとリモートワークとオンライン授業が活用された。リモートワークとオンライン授業は、コロナ感染が広がり始めた初期ほど大規模ではないものの、感染が繰り返されるごとに働き方・学び方の一形態として浸透してきた。

皆が顔を合わせて会話できるＺＯＯＭやＳＬＡＣＫなどのオンライン会議アプリの登場で、家にいながらにして会議や授業への参加が可能になった。家にいながらにして社会とつながることができ、通勤や通学が必ずしも必要でないことが示された。

こうした状況下では、便利さを求めて都会に住む必要はないように思えてくる。これまでは、仕事をするにしても（第二次・第三次産業は特に）、教育を受けるにしても、都会から離れると極端に不便さが感じられていた。しかし今や、地方にいてもインターネットを通じて仕事をしたり授業を受けたりすることができる。

経済学の費用便益計算は、プラス面からマイナス面を差し引くことであり、その結果がプラスであれば実行する、マイナスであれば実行しないというシンプルな内容である。今後の地方移住では、これまでマイナスと考えられてきたことがプラスに変わっていく。結果として、費用便益計算値を大きくプラスにすることが期待できる。

地方への雇用分散

2022年6月、NTTグループは従業員3万人に対して、会社に出勤せず自宅で仕事をする制度を本格的に導入した。つまり、社員は全国どこに住んでもよい。会社に出勤するときには無制限に交通費が出るそうである。[*1]
リモートワークの最大のメリットは、地方に「雇用を持っていける」ことであろう。業務をリモートワークでこなせれば、都会に集中していた雇用を地方に分散でき、都会集中型の経済構造を変えることができる。また、労働者にとっては職場に行かなくても仕事ができるというメリットが、企業にとっては立地のよい、すなわち地価の高い場所にオフィスを構える必要がないというメリット

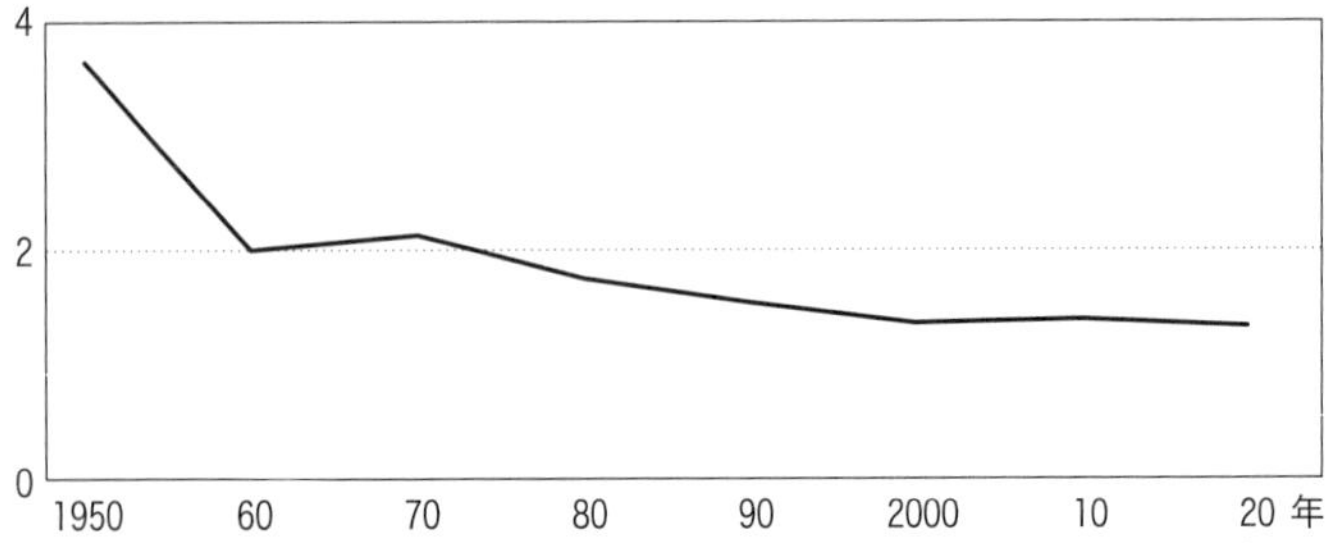

図10-1　低迷する合計特殊出生率の推移

出所：厚生労働省資料を参考に筆者作成。

がある。

通勤時間の節約

労働者にとっては、毎朝の通勤がなくなれば体力を温存でき、時間も有効に活用できるというメリットがある。都会の場合は満員電車に乗らなくて済み、地方の場合は車を長時間運転しなくて済む。

そうして浮いた時間を余暇に使ったり、家族とともに過ごす時間を増やしたりすることができる。幼稚園や保育園の送り迎えがしやすくなるし、自宅で子どもの世話をしながら仕事をすることもできる。子どもと接する時間が長くなるので親にとっても子どもにとってもプラスである。なかには、通勤時間が減った分、今まで以上に仕事ができると喜ぶ人もいるかもしれない。

こうして子育てがしやすくなれば、低迷する合計特殊出生率（女性ひとりが生涯で産む子どもの人数の平均値）（図10-1）が上がり、子どもが増える可能性もある。リモートワークは少子化に歯止めをかける重要な要素になりうる。

余った時間を健康維持に使うこともできる。国民が健康であることは日本社会にとって望ましく、医療費が少なくて済むことは日本経済にとってもよい。自宅で仕事をするようになり自由時間が増えることは、社会全体にもメリットがある。

オフィスの変化

リモートワークが進むことは、企業にとっても利点がある。企業はオフィスを縮小させることができ、オフィスを都市部に置かなくても済むようになる。

社員が通勤しないなら、大きな面積のオフィスを構えなくてもよい。空間も設備も必要最小限でよい。すると家賃が節約できることになる。狭いオフィスでも滞りなく仕事が進むようイノベーションも自然となされるであろう。

これまで東京の大手町や丸の内に本社があることは企業のステイタスであった。もちろん、交通の便がよいという利点もある。しかしリモートワークが進化すれば、本社の立地はどこでもよくなる。他社との会合もリモートで行える。国や自治体などの役所の書類作成・提出のデジタル化が進めば、都心や県庁所在地に本社を置く必要がない。実際に、紅茶の製造販売メーカー「ルピシア」は、2020年7月に北海道ニセコに本社を移転させている。[*2] 地方空港、高速道路のインターチェンジ、主要駅などの付近にオフィスがあれば、必要に応じて他地域に移動するには十分だ。

アメリカの情報系企業が集中しているシリコンバレーのように、ひとつの地域周辺に同業社が集約されれば利便性が増す。地方に新たな産業都市が形成されるかもしれない。

オフィスの合理化（都心から郊外や地方に移転すること）により、企業も効率化するし日本国土も有効利用できるようになる。日本全国のいたるところが経済拠点になり、均整のとれた国土の発展が望める。

一口メモ⑳　地方移住とSDGs

SDGsの観点から見た場合、持続的に社会が発展し続けるためには地方への移住は最適解のひとつとなろう。これまでは都会に人口が集中することにより持続不可能な社会となりうる課題を次から次に生み出されてきた。

本文では経済面を取り上げたが、自然環境の保全、文化の継承の面でも地方移住は大切である。自然環境の保全といっても、放っておけば自然が守られるわけではない。森林整備のように人の手が入って初めて守られる自然もある。人々の地方への移住はSDGs実現にとって有力な方策である。

(3)　ワーケーション

コロナ禍で政府が推奨し始めたのがワーケーションである。これは、旅行先で仕事をするというものであり、ワークとバケーションを掛け合わせた言葉である。リモートワークの場を自宅から観光地の旅館やホテルに移すことで気分転換ができ、仕事以外の時間には観光ができる。観光地にとっては宿泊客が増えるというメリットがある。

しかし、あまり実践されていないのが実状だ。せっかく観光地にいるのに仕事から離れられない。リモート打合せで上司に小言を言われたり叱られたりする。また、誰かがミスをしたりトラブルが起こったりしても、旅先からでは駆けつけることもできない。居ても立ってもいられなくなる。自分のミスも防げないし、他人のミスをカバーすることもできない。他の社員もワーケーションで地方にいたら八方塞がりになってしまう。

ワーケーションは経済的に見ると素晴らしいアイデアであるが、ほとんどの人が実行する気持ちになれないだろう。リモートワークやオンライン授業は定着しても、ワーケーションは絵に描いた餅で終わっている。

ワーケーションを行えるのは人間相手ではない作業の場合に限られるのではないか。原稿の執筆やパソコンでの投資など、他人と関わらない作業が望ましい。それに有名小説家でもないかぎり旅費は自腹だ。「GO　TO　ワーケーション」補助でもないと実現は難しいであろう。

(4)　地方移住をさらに促進するには

オンライン技術は地方移住のプラス面を大きくし、マイナス面を小さくした。リモートワークやオンライン会議の実現は、地方への移住の促進、および過疎地での居住の継続を可能にする契機ともなった。次に、地方移住をさらに促進するには何が必要かを考えたい。

イノベーション

少人数で山間地に住み続けることは、実は費用がかかることである。山奥に数軒、または1軒しかない場所に人が住んでいると、そこまでのインフラ整備の費用も、そこに郵便や宅配便を届ける労力もかかってしまう。ここでイノベーションの登場である。

現在、ドローンによる配達実験が行われている。[*3] 郵便や宅配便だけでなく、ドローンでも日常必要なものが運搬できれば、過疎地に点々と人が住んでいても問題はない。重い荷物やクール便もドローンで運べるようになれば、過疎地でも快適だろう。

アメリカではドローンタクシーの実験が始まり、その実用化も夢ではない。[*4] 人の移動にも荷物の運搬にもドローンが活用できれば、道路などのインフラ整備を抑制でき、自然破壊を最小限に抑えるというメリットがある。間接的ではあるが、ＳＤＧｓの「気候変動に具体的な対策を」にも相当し、人にも自然にも優しい社会につながる。

医療についても、オンライン診療が普及すれば、頻繁に病院へ行く必要がなくなる。筆者はかつて北海道富良野市から旭川空港までバスに乗ったことがあるが、途中の町々で高齢者が次々と乗車してきた。そして旭川に近い病院の停留所でほとんどの人が降りた。高齢者は定期的に病院に通う必要がある。オンライン診療が普及し、薬もドローンで運ばれる環境になれば、無理をして遠くの病院に通う回数が少なくなる。自動運転のタクシー、それこそドローンタクシーが実現・普及すれば、いっそう便利だろう。

インフラ整備

しかし、人口の少ない地域にインフラを整備するというのは、まったく無駄なことであろうか。例として、伊唐大橋を取り上げてみよう。

伊唐大橋[*5]は、1997年に鹿児島県の伊唐島と鹿児島本土との間に架けられた橋である。当時の伊唐島の人口は約350人。そこに工費約130億円をかけて橋（農道）が架けられた。一見、無駄な公共事業のようにも思える。

さもありなん、橋の効果もむなしく過疎化は進み、2010年には人口295人となり、300人を割ってしまった。地方の人口減の波には勝てなかったようだ。ところが、農産物の生産に目を向けると、なんと伊唐島の農業生産量は増加した。1995年に年間1508トンであった農産物（ジャガイモ、サツマイモ）が、2010年には3327トンに増えている。人口が減ったのに農業生産量が倍増したというのは、生産性が向上したからである。地元では「橋のおかげ」といわれており、130億円の橋には意義があったとされている。

この伊唐大橋は、国土交通省の予算ではなく、農林水産省の予算で造られた。大規模な橋なので修理などの維持費も膨大であろう。しかし農業生産量が増えたことは事実であり、費用便益計算を基準にすると相対的な成功にあたる。

人口の少ない地域での巨額なインフラ整備がすべて無駄かというと、そうではない。すべてを賄える革新的技術が開発される未来まで、この伊唐大橋では多くの人々が行き来するであろう。このようなケースは、ほかにも数多くある。政治基準ではなく経済基準で検証し、無駄に思われても造るべきインフラと、本当に無駄なインフラの区分けをしていく必要がある。負効率は一律に無駄というわけではない。

(5) 現代版の列島改造論

ここまで、リモートワークのメリットと、それが開いた地方移住の可能性について論じてきた。しかし、新型コロナ禍での初めての経験なので、必然的にデメリットも発生する。メリット・デメリットの双方を十分に調査・検証して、理想的なあり方を追求することが必要であろう。

地方移住には夢と希望がなくてはならない。単に都会の喧騒から逃れたいという理由でなく、展望を持って実行しないと成功するのは難しい。ある人は、東京などの大都市圏といつでも行き来できるように地方空港のそばに住居を構え、週末には大都会に戻って生活をする。またある人は、田舎にどっぷりつかり、リモートワークやオンライン授業、インターネットの買い物サイトを活用して生活する。このように様々なパターンが考えられる。自分に合った生活スタイルは、自分でしっかり考えて探さねばならない。地方での生活の負効率を楽しむことができれば、その負効率はプラスになるのである。

地方移住が進めば、国土全体に人が散らばり、地域格差の解消につながるかもしれない。かつて田中角栄（1972～74年の首相）は日本全体が工業化し発展する「列島改造論」を唱えた。これからは日本全国いたるところで、自然と共生した形で発展する新しい列島改造論が実現するかもしれない。それはＳＤＧｓの面からも望まれるものであろう。

2　シニアの都会移住

地方移住を促進すれば過疎化の問題がすべて解決するわけではない。地方の財政指数が高くなる一方で、都会の財政指数は低くなる可能性があるからである。そこで、若者や現役世代が都会から地方に移住するのと同時に、高齢者の地方から都会への移住も考えたい。

(1)　過疎地の一軒家の費用対効果

地方では若者が離れることにより過疎化と高齢化が進んでしまった。地方でも中心都市や工業都市は交通網の整備などで持ち直しているが、農村部は過疎化が止まらない。かつて大人数が住んでいた大きな集落でも、今や数えるほどの人数しか住んでいない。

過疎化が引き起こした問題として、もちろん地域の生産性が落ち込んでしまったという点が指摘できるが、それだけではない。高齢者がポツンポツンと住んでいるような地域が多いが、少人数しか住んでいないからといってインフラ等の整備をやめるわけにはいかない。郵便も配達しないわけにはいかないし、電線も引かなければならない。過疎地でも生活が可能になるよう、一定のサービスを提供していかなければならない。災害が起こる危険があるので最低限の防災も必要だ。費用便益計算ではマイナスといわざるをえないであろう。

電力業などは費用逓減産業といわれていて、使用する人が増えるにつれて1単位あたりの費用が減るが、過疎地では維持費ばかりが嵩み、高くなる。過疎地の費用を都会の人たちが支えているようなものである。道路や橋の維持も都会に住む現役世代の負担となっている。

(2) コンパクトシティ

コンパクトシティとは、ある一定の地域に商業や医療などの施設を完備し、集中的に住環境を提供することを指す。生活に必要な施設が身近に集まっているので、高齢でも安心というものである。地域全体で高齢者施設を形成しているイメージである。ここではSDGsの「すべての人に健康と福祉を」が行き届く。社会的に見ると、公共機関のインフラなどが効率的に整備でき、高齢化という負効率を効率に変える方法だといえよう。

田舎で農業を営む高齢者も、故郷を離れてコンパクトシティに移住する。そしてかわりに若者が田舎に移住し、農業に新規参入する。

コンパクトシティに移住した高齢者には、様々な知恵や技能を活かして仕事をしてもらいたい。通勤には専用バスを用意すればよい。様々な企業がコンパクトに集まっていれば、1台のバスで順繰りに回ることができる。その地域に雇用がない仕事であればリモートを使えばよい。コンパクトな街ならインターネット環境も整えやすいであろう。高齢者は所得を得ることができ、地域社会にも安定した雇用と消費が創出されるメリットがある。

(3)　コンパクトシティの課題

しかし、いくらコンパクトシティが効率的だといっても、高齢者にとって長年住み慣れた地域を離れることは不安である。行動経済学でいう現状維持バイアスが働き、彼らは故郷を放棄する気持ちにならないであろう。離れて住む子どもたちから同居を誘われても、なかなか独居をやめないのが高齢者の現実である。長年住んだ家を去るのは耐え難いし、これまで身についた生活パターンを変えるのも嫌だろう。故郷の人たちとは幼い頃から一緒にいた仲である。田舎は不便だから「さようなら」というわけにはいかない。高齢者にとって故郷から離れる負効率は計り知れない。

近年、若者が保守的になっているといわれるが、高齢者と比較すると若者は変化を求める傾向がまだ強い。年を重ねるにつれ変化を避けるために現状維持バイアスがいっそう強くなる。また、その地で培ってきた人間関係や環境を失いたくないという、行動経済学のサンクスコスト効果も働く。先祖代々開墾してきた土地を自分の代で手放すわけにもいかないであろう。その結果として、高齢者は不便な過疎地に残ってしまうことになる。

また、コンパクトシティそのものについても多くのメリット、デメリットが指摘されている。筆者らは次のようなデメリットを懸念している。

第一に、高齢でも農業に力を発揮できる人たちは、コンパクトシティへの移住によって仕事を奪われてしまう。

第二に、過疎地では、これまで森林などを維持してきた人たちがいなくなることによって、森林が荒れてしまう。森林は川や海の環境に影響を与え、流域全体にとっても大きなマイナスとなる。

第三に、引っ越しのための費用が嵩むうえ、自給自足の生活から年金だけに頼る生活になってしまい、都会での生活に貧しさを感じてしまうかもしれない。

コンパクトシティは有用であるが、高齢者を無理に移住させることには賛成できない。その人たちの営みによって地域は支えられてきた。彼らはＳＤＧｓの担い手であったのに、費用がかかりすぎるという理由で移住を強いるのは、その貢献を踏みにじるようなものである。

一口メモ㉑　現状維持バイアス

現状維持バイアスとは、変化を嫌う人間の習性のことである。変化の後には様々なメリットやデメリットがある。メリットが確実に保証されれば変化を望むかもしれないが、将来のことは分からない。その結果、変化を望まない現状維持バイアスが働く。現在の環境を失うことを恐れるという意味では損失回避とも似ている。

(4) 二者択一ではなく自由な選択を

高齢化・過疎化問題を解消するには時間がかかるかもしれない。現時点においては、過疎地と非過疎地との経済分配のバランスを研究する必要があろう。コンパクトシティか限界集落かの二者択一ではなく、両方の選択が容易になるようなイノベーションやアイデアが重要になってくる。

過疎地を残すことのデメリットの大半は、今後の技術開発で解決できるであろう。泣く泣く故郷からコンパクトシティに移り住んだとしても、デジタル化の進展で、故郷の家や風景が毎日ライブで見られるようになるかもしれない。

日本は公共事業が飽和状態にある。国土が狭いため、現在の人口構造では生産性の高い、つまり便益が費用を上回る公共事業はやりつくしてしまったといわれる。[*6] しかし、コンパクトシティの建設も過疎地の再生も、公共事業を再び有効な政策に変える次のような可能性を秘めている。

第一に、コンパクトシティ建設として新しく街をつくりなおすことは、都会の再開発と同じである。新たに完成した街は整備が行き届き、生産性も高いはずだ。

第二に、過疎地の利便性を高めるために公共投資をするのも意味がある。過疎地にドローンを送るための基地をつくる、過疎地に太陽光発電の施設をつくるなど、将来を見すえた公共投資は無駄ではない。災害で道路が寸断されてもドローンで物資が運べたり救助に行けたりするような体制づくりも、有用な公共事業である。

地方に住んでも不自由がなく、仕事があり、高度な教育も受けられる。故郷を離れたとしてもライブでいつでも確認でき、ロボットが自分の家の手入れや畑の作業をしてくれたら最高である。過疎地の人が、コンパクトシティを選択してもよし、そのまま住み続けるのもよし、自分の意志で選択できる環境をつくりあげることが理想である。

3　人口減少の解決に向けて

今後、日本の人口は減少していく。内閣府が2019年6月に公表した「高齢社会白書」によると、2020年には1億2千万人いた人口が、2055年には1億人を割るという予測が出ている。[*7]

人口が多ければ必ずしも栄えるわけではないが、基本的に経済力は人口の大きさによるところが大きい。経済成長の一部も人口の伸びでカウントされる。その証拠に、日本のGDPはアメリカに及ばないし、中国にも大きく後れをとっている。これは、アメリカや中国の人たちの方が日本人より勤勉でよく働いているからというよりも、人口が多いからという理由が大きい。消費があってこその経済成長であり、消費が小さいと経済の伸びは小さくなってしまう。そのため、人口が大きい国の方が経済成長において有利なのである。

日本は人口減に対して早急に手を打つ必要があろう。人口減が進む現状のままではＧＤＰを簡単には大きくできない。しかも、追い打ちをかけるのが高齢化である。たとえ人口が増えたとしても、現役世代の人口が相対的に少ないと、経済は成長できない。人口減と少子高齢化という二重の問題を解決しなければならない。

本章で述べた若者の地方移住とシニアの都会移住は人口減・高齢化に対して有効な手立てとなる。第1節で述べたように、リモートワークとイノベーションの推進によって過疎地域での居住を便利化し、若者の移住を促す。自然の豊かな環境は子育てに最適だし、時間にゆとりができれば家族の時間が増え、出生率も上がるだろう。

一方、過疎地に点在して住んでいる高齢者にはコンパクトシティへの移住という選択肢もあれば、故郷に住み続けるという選択肢もある。双方向の移住がしやすくなれば、高齢化も過疎化も同時に解決できるだろう。

注

＊1　「ＮＴＴグループで7月から3万人が原則テレワークに、遠方からの飛行機出社もＯＫ」『日経クロステック』２０２２年6月20日、https://xtech.nikkei.com/atcl/nxt/news/18/13114/（２０２２年6月21日閲覧）。

＊2　株式会社ルピシア「株式会社ルピシア　本社（本店所在地）移転のご案内」２０２０年7月15日、https://www.lupicia.com/shop/pages/info20200714.aspx（２０２３年2月9日閲覧）。

＊3　「『ドローンでお届け』が日本でも当たり前に？　実験が次々成功、残る課題は……」『Ｊｃａｓｔニュース』２０２０年9月26日、https://www.j-cast.com/2020/09/26395021.html（２０２３年3月1日閲覧）。
＊4　「アメリカ空軍、２０２３年までに『空飛ぶタクシー』実用化へ　テキサスでデモ飛行を披露」『Ｙａｈｏｏ！ニュース』、２０２０年８月28日、https://news.yahoo.co.jp/byline/satohitoshi/20200828-00195501（２０２３年3月1日閲覧）。
＊5　鹿児島県「伊唐島のその後」２０１５年３月23日、https://warp.da.ndl.go.jp/info:ndljp/pid/11457971/www.pref.kagoshima.jp/am12/chiiki/hokusatsu/sangyo/nougyou/nougyounousonnseibi/ikarajima.html（２０２３年3月1日閲覧）。
＊6　ただし、インバウンドがより進んだり、外国人労働者や難民などをよりたくさん受け入れたりすれば、費用よりも便益が大きい公共事業はたくさん存在する。
＊7　内閣府「高齢社会白書（２０１９年版）」。

第11章　ＰＴＡの負効率
――任意か強制かの議論を超えて

１　ＰＴＡとは

(1)　男女共同参画の機会

男女共同参画という概念が登場して久しい。今や男女共同参画だけでなく、マイノリティの差別の撤廃も含めてダイバシティという概念に変わりつつある。しかし、言葉でいうのはたやすいが、実際に男女共同参画を実現させるのは非常に難しい。ダイバシティ以前に男女共同参画が実現されるのに、まだまだ時間がかかりそうだ。

しかし、この概念が提唱される以前より、男女共同参画が実現していたと考えられる活動がある。ボランティア活動としてのＰＴＡである。Ｐは保護者、Ｔは教員、そしてＡは association で、保護者と教員が学校教育のために協力し合う組織である。近年は任意参加のＰＴＡも登場してきたが（ＰＴＡ廃止やクラス委員廃止の動きも出ている）、原則として全員参加となっている（形式上は任意加入）。また、参加者は父親より母親の方が多い。だが、この組織のなかでは、男尊女卑のようなジェンダーの差別がなく、男女共同参画活動の一環としての体をなしている。[*1] 会長職に男性がつくことは多いが、ＰＴＡの会議では男女はあくまでも対等に発言する。

ＰＴＡには後述のように負効率の様々な問題点があるものの、ジェンダー差別の強かった時代から男女共同参画が実現していた貴重な組織であると筆者は考えている（女性側の意見はまた違うかもしれないが、筆者の個人的な印象としてご理解いただきたい）。かつては外で仕事をするのは主に男性だったため、専業主婦がＰＴＡに参加することが多かったという事情もあるが、男女で対等に活動できている（これは筆者が携わったＰＴＡに限定されないだろう）。男女の力が対等に発揮できるという点でＰＴＡはＳＤＧｓの「ジェンダー平等を実現しよう」に相当しているように思われる。[*2]

ここではＰＴＡの役割と問題点、便益とコストを、負効率と効率の比較という点から論じるとともに、新たな役割（便益）への変化について論じることにする。

(2) 参加は任意か強制か

筆者（水野）は１９９７年から10年間ＰＴＡに関わってきた。子どものクラスの保護者会で妻がくじを引いたことがきっかけだった。妻は前年も他の保護者会で役員をやっていたので、連続での役員を避けるため、夫の筆者が役員となったのだった。東京近郊の千葉県浦安市の公立小学校と中学校で会長や副会長を務めた。当時、保護者はみな、役員になるのを嫌がっていた。定期的な委員会や割り当ての仕事が形式的に決まっていて、それをやらないと保護者同士の目が厳しくなるからである。それに付随してＰＴＡは全員入るべきなのかどうか、役員はくじで決めるべきなのかどうかという議論が盛んになされていた。

当時、子どもが小中学校に入学すると、保護者はＰＴＡの加入が義務づけられていた。本当は任意加入なのだが、子どもがお世話になる学校ということで、全員加入が暗黙のルールとなっていた。そして次に、そのＰＴＡを運営する役員が選ばれることになる。[*3] 時間を割いてボランティアの仕事をしなければならない、人間関係が面倒ということで、多くの人が役員になりたがらない。役員の人数には規定があり、その数に達しない場合はくじ引きをする。仕事があるからといっても、近年はほとんどの人が仕事を持っているため、免除されにくい。こうしてクラス役員が決まる。次にクラス役員のなかからＰＴＡ全体の運営をする役員が決められる。クラス役員全員が集まったなかで決められるときもあれば、クラス役員のなかで本部役員要員として決まることもある。ＰＴＡ役員にはなりたくないのに、このプロセスが毎年繰り返され、保護者は苦痛である。こうして選ばれた人たちがその年のＰＴＡを運営する。

思えば、筆者の親の時代からＰＴＡ役員は避けられていた。親がＰＴＡのクラス役員になったとき非常に嫌がっていたのを記憶している。ところが、その後も、ＰＴＡ加入は強制か、役員の負担は軽減すべきかなど、30年前、いや60年前と同じような議論がなされてきた。なぜ同じような議論が繰り返されてきたのであろうか。

(3) 習慣化された活動

ＰＴＡに関しては行動経済学でいう習慣化行動が２つあてはまる。習慣化は認知的節約（一口メモ⑬参照）といって、考えるのが面倒なので前例を踏襲していくというものである。考えることを節約してしまい、経験したことを繰り返すというものである。一見よくないように思えるが、継続性という点では評価できる。

ＰＴＡに見られる第一の習慣化は、強制か任意かの議論が毎年繰り返され、抜本的解決に至らないまま年度が終わり、また次の年に同じ議論が繰り返されることである。考えるのを放棄するというわけではなく、考えるのだけれどゴールに達せず、前年の通りで終わるということの繰り返しになる。

第二の習慣化は、ＰＴＡは存在するもの、ＰＴＡ役員はくじで選ばれるか運が悪く断れなかった人がやるものと思い込んで、自分だけはあたらないように避けつつ、組織の運営に身をゆだねていることである。ＰＴＡを改革しよう、ＰＴＡは変えられるものだという積極的な意識は持たず、役員にあたれば不運、あたらなければ平和というような受け取り方で大半の人が過ごしていく。

かくして、ＰＴＡは変わることなく習慣化されて継続してきた。各人の思惑や感情が入り混じりながらも、結局何ごともなかったかのように続いていく。ただし、組織の形態は変わらないものの、環境の変化に応じて、社会的意義も変化しながら、ＰＴＡ活動が変わっていることを付言しておく。

(4)　経済主体としてのＰＴＡ

ＰＴＡは活動する組織であるので活動費が必要だ。したがって会員は会費を納めなければならない。図11－1は公立小中学校におけるＰＴＡ年会費の平均値の推移である。これによると30年近くで微増という状況ではある。だが、小学校で３千円超、中学校で４千円弱という会費負担は大きい。

このように会費を集めて活動しているので、ＰＴＡはひとつの経済主体といってよいであろう。ＰＴＡの経済活動では、日本全体の児童・生徒の人数を考えれば、相当の金額が動いていると見てよい。この経済力をターゲットにした教育関係のソーシャルビジネスも誕生して

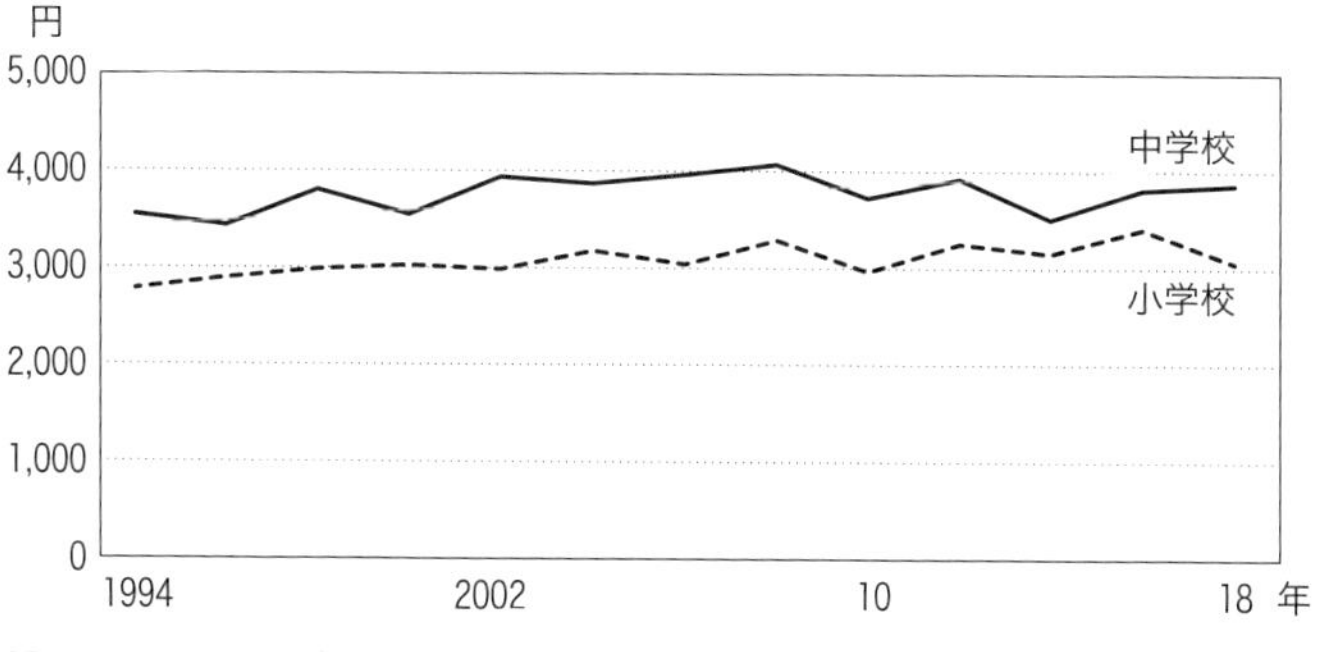

図11-１　公立小中学校における PTA 年会費の推移

出所：文部科学省「平成30年度　子供の学習費調査」（https://www.mext.go.jp/b_menu/toukei/chousa03/gakushuuhi/kekka/k_detail/mext_00102.html 2023年４月22日閲覧）を参考に筆者作成。

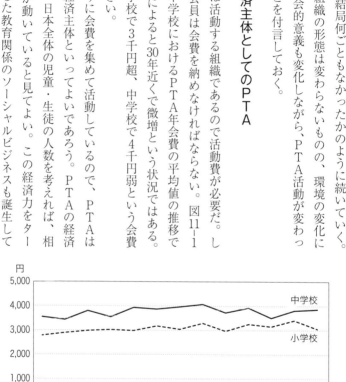

いる。交通安全教育など公が行う活動は別として、民間の団体による金銭教育や不審者対策の教育など、ＰＴＡが依頼してこうした教育が実施されているのである。そのほかにもＰＴＡ活動の一環として様々な講演会が開催されている。講師に有名人を呼ぶこともある。そのときは講師に謝礼を支払うので、立派な経済活動である。全国で行われている、長く継続しているという点で、ＰＴＡは日本の教育・文化経済を支えてきた経済組織であるといえよう。

このようにＰＴＡは教育や地域活動として経済活動を担ってきた重要な経済文化・経済教育組織である。参加が強制か任意かの議論が続くなか未だに継続しているのは、こうした経済活動の主体としての面を併せ持つからであろう。

2　負効率をプラス化するには[*4]

(1)　費用便益計算

保護者にとってＰＴＡに関わる負担は、参加への負担と年会費の負担の合計ということになる。そのマイナスと、ＰＴＡで得られるであろう便益を比べてみて、便益の方が大きくなるように努力していけばよいということになる。

ＰＴＡ活動のプラス＝ＰＴＡ活動で得られる便益－ＰＴＡ活動による負担

ここでは短期的に子どもが過ごす1年間を見るのではなく、社会全体から、特に経済社会全体からこの式がプラスとなって成立していくことが重要であるという観点に立つ。

(2)　地域社会との交流

今のＰＴＡは、かつてのように学校内での子どもに関する議論や学校のお手伝いばかりをしている受動的な立場ではなく、学校外での子どもの見守りや交通安全確保など、地域社会を守る能動的活動も行っている。こうした活動は地域の人たちと交流し、さらに活動の輪を広げるチャンスにもなる。

かつては、ＰＴＡはＰＴＡ、町内会は町内会というように明確な線引きがされていた。筆者がＰＴＡ会長をしていた１９９０年代後半、町内会に子どもたちの安全の見守りを頼んだら「子どものことはＰＴＡがやればよい」というつれない返事をされた。今は地域全体で守ろうという機運が高まり、ＰＴＡが他の団体と連携して子どもたちを守ることができる体制になったといえる。

(3)　総合学習の時間への参加とＮＰＯとの連携

学校のカリキュラムに総合学習という時間が登場したこともＰＴＡの活動の転機となった。講演や講座をお願いする社会教育団体が今や多く存在している。安心安全教育、交通安全教育、金銭教育、環境教育、防災教育など様々である。学校の先生だけではネットワークが限られるので、学校もPTAを頼ることになり、これがPTAの腕の見せどころとなった。PTAが費用を持ち、学校と相談しながら、講師を呼ぶことができるのである。自分たちの子どものために教育をプロデュースできるのであるから、かつての学校の手伝いに終始していたPTAとは大違いである。

こうしたPTA活動を支えるために教育文化団体が発足し、あるものはNPO法人化して活動している。もはや、PTAはひとつの産業を生み出しているのである。子どもたちに「生きる力」を持たせるために文部科学省によって導入された総合学習の時間は、学力低下の点で多くの批判を浴びたが、1998年の特定非営利活動促進法の施行に基づくNPO法人の登場と相まって、経済学的には新たな産業地図をつくりあげたという点で高く評価できる。

(4) 継続性

PTAは官製ボランティアといわれるが、このように長く、かつ全国的に続いているボランティア活動はPTAと町内会くらいであろう。それも、人がどんどん入れ替わっても継続している。子どもたちが学校と保護者とをつなぐ役割を果たしているし、近年の社会環境の変化に応じてPTAの社会活動の役割が増してきたことも継続の要因のひとつだろう。PTAは自身の活動を変容させながら社会的な役割を果たしており、そのおかげで継続してこられたし、今後も継続していくのであろう。

(5) 経済理論的な説明――利他性の限界

ボランティアのような利他性のある活動を行う際[*5]、ある目標があったとしても、何も自分ひとりで達成する必要はない。他の人がやってもよいし、行政がやってくれてもよい。小野（２０１２）による高齢者の社会貢献活動についての研究を解釈すると、ある人がボランティア活動を行っているとしたとき、それを他の人や行政が行ってくれれば、自分が行う量は少なくて済むことになる。その人は、ボランティアは必要ないと考えるわけではないが、他の人たちによってその目標が達成されるならば、それでよいと考える。

この考え方をＰＴＡに当てはめてみよう。誰もがＰＴＡの存在意義や目標を十分理解している。だが、ＰＴＡにおいてやるべき活動の量が決まっているなら、自分は必要最小限で関わればよい。誰もがこのような考え方を抱くようになれば、まずＰＴＡの役員のなり手がいなくなるだろう。そして、新たなことに取り組まずルーチンワークで満足してしまうという現象が生じる。この意識が前記で見たようなＰＴＡの諸問題を引き起こしている。

3　社会のなかでの新たな役割

ＰＴＡ活動は、参加している人たちにとっては負効率かもしれないが、社会的にはＳＤＧｓの「住み続けられるまちづくりを」を進めるために大いにプラスになっている。

(1)　交通安全

特に危惧されるのが小学校低学年の交通事故である。小学1年生の交通死亡事故はいつの時代も懸念されている。表11-1は２０１３～17年における小学生の交通事故死者数のうち歩行中、自転車乗車中、自動車乗車中別に見た学年ごとの死者数である。この表を見ても、小学1年生と2年生の歩行中の事故死の多いことが分かる。特に小学1年生の歩行中の事故死数は突出している。

こうした交通事故を防ぐため、近年各地のＰＴＡは通

表11-1　小学生の交通事故死者数（2013～17年）

単位：人

学年	歩行	自転車乗車中	自動車乗車中
1年生	32	7	9
2年生	22	8	7
3年生	13	15	3
4年生	8	9	9
5年生	5	6	4
6年生	4	3	3

出所：内閣HP「トピックス　児童・生徒の交通事故防止対策について」(https://www8.cao.go.jp/koutu/taisaku/h30kou_haku/gaiyo/topics/topic04.html 2020年12月24日確認）を参考に筆者作成。

学時に横断歩道で交通安全の指導をしている。おかげで朝の登校時の見守りはできているが、下校時は学年ごとに時間がまちまちになり、十分な対応ができていない。車を運転しているとき、下校時の低学年の子どもが突然車道に出てきてヒヤッとした経験のある方も多かろう。

ＰＴＡを構成する保護者は、日中は仕事がある。先生たちも勤務時間中で他の業務がある。ならば地域と連携するしかない。地域住民で時間がある人といえば、おじいちゃん・おばあちゃんの世代である。彼らも子どもたちの危険については承知している。だが、自ら率先して道に立つのは恥ずかしい。そこで、例えば高齢者の会などにＰＴＡが正式にお願いするとよいのではないか。組織として依頼すれば高齢者も参加しやすい。特に低学年の子どもには毎日の呼びかけが必要である。

(2)　不審者対策

ＰＴＡは、見守りなどの活動を通して不審者から子どもたちを守る努力も重ねている。子どもをターゲットにした性犯罪は多く、間断がない。表11-2に２０１０～16年の子どもの被害件数を示した。強制わいせつのみ減っているが、他の項目は横ばいか増加している。特に暴行は７０７件から９０６件、傷害は４６７件から６３１件になっており、ひときわ注意を引くものであろう。２０２２年７月には宮城県仙台市で、見知らぬ男に通学中の２人の女子中学生が刺される事件があった。男は「人を殺して刑務所に入ろうと思った」と話したという。[*6] なぜ子どもを狙うのか。その理由の解明は犯罪心理学などに任せるとして、ここでは経済学の立場から卑劣な犯罪から子どもたちを守ることの意味を考えたい。

このような実害のある不審者の存在は、被害者に再起できない心理的なトラウマを与えてしまう可能性が高い点において、プラスに変えることのできない負効率といえよう。そもそも短期的に見て効率的でないことを負効率と表現してきた。短期的に見て効率的でないことも、視角を変えたり長期的に見たりすれば効率的だったケースもあろう。しかし、子ども時代に被害に遭い心に傷を負えば、その傷は成長しても残り続ける。PTAは、子どもたちを犯罪から守るための見守り、子どもたちが自分で自分を守るための教室などを実施し、子どもの被害を防ぐ一翼を担っている。

交通安全にしても不審者対策にしても、将来の人材を守ることは将来の経済社会に貢献することである。

(3) SNS被害対策

子どもたちが自分の意志で行動して被害に遭うケースも増えている。SNSを通じて誘い出され、大きな犯罪に巻き込まれる。このパターンが増加しているのである。

図11-2は、SNSによって犯罪に巻き込まれた児童数、およびそのうち児童買春・児童ポルノ禁止法に触れた被害児童数の年次推移である。

大人がSNSを利用して言葉巧みに子どもたちを誘い、犯罪に及ぶ。保護者はこの状況を察知しにくいし、それを防ぐための活動もしにくい。しかし現実にこのような被害があり、しかも増える

表11-2　罪種別にみた子ども（13歳未満）の被害状況の推移

単位：人

罪種	2010年	2011年	2012年	2013年	2014年	2015年	2016年
殺人	77	76	67	68	83	82	74
強盗	7	14	11	9	6	3	4
強姦	55	65	76	69	77	64	69
暴行	707	710	846	882	858	886	906
傷害	467	493	495	548	539	557	631
強制わいせつ	1,070	1,027	1,066	1,116	1,095	881	893
公然わいせつ	109	83	139	136	133	140	109
逮捕・監禁	9	7	7	9	12	10	21
略取誘拐	91	86	95	94	109	84	106

出所：「生活安全の確保と犯罪捜査活動」『平成29年版警察白書』（https://www.npa.go.jp/hakusyo/h29/honbun/html/t2320000.html 2021年１月14日閲覧）の表２-66を筆者加工。

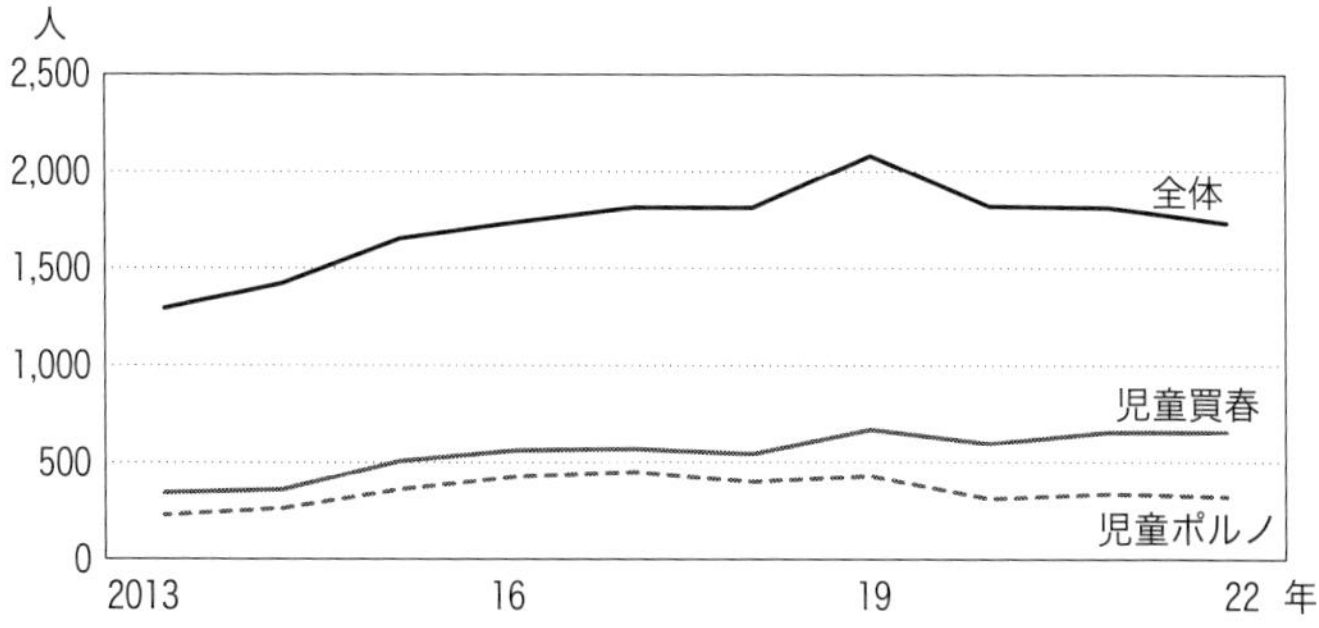

図11-2　SNSに起因する事犯の被害児童数、およびそのうち児童買春被害者数と児童ポルノ被害者数の推移

出所：警察庁生活安全局人身安全・少年課「令和４年における少年非行及び子供の性被害の状況」（https://www.npa.go.jp/publications/statistics/safetylife/syonen.html 2023年４月15日閲覧）を参考に筆者作成。

傾向にある。

ＰＴＡがこうした被害を食い止める役割を担ってもよいのではないか。この手の犯罪は技術進歩とともにどんどん狡猾になっていく。そのスピードに追いつくよう、ＰＴＡも知識を積んでいかなければならない。自分たちの力では難しい場合、専門家を招いて保護者向けと児童・生徒向けの防止教室を開くのもひとつの方法だろう。実際に行っているＰＴＡも多かろう。子どもたちの被害を少しでも減らすための取り組みを実践すべきである。

(4) 教員による犯罪への対策

近年、学校教員によるわいせつ事件が増えている。身近にいる自分の児童・生徒たち、あるいは他校の児童・生徒たちを対象にしており、卑劣極まりない。発覚が増えているだけで、以前から多かったのかもしれないが、文部科学省の「平成30年度公立学校教職員の人事行政状況調査」によれば、２０１７年度２１０人、18年度２８２人がわいせつ行為などで処分を受けている。

２０２０年9月、静岡県で元教員が元生徒だった子どもに「荷物を運ぶのを手伝ってほしい」と嘘を言って車に乗せ、山中へ連れて行き、わいせつ行為をした。この元教員は17年8月にも同様の手口で別の子どもにわいせつ行為をしていた[*7]。

この事件は元生徒が被害者だが、実際には現在教えている生徒が被害者という例も頻繁にニュースで見かける。これでは、子どもも保護者もだれを信じたらよいか分からず、子どもは安心して学校に通うことができない。

ＰＴＡは、学校の運営に協力するだけでなく、こうした卑劣な行為に歯止めをかける監視役にもならなければならない。事件が起こってからでは遅いため、ことあるごとに学校側に釘を刺すことが必要であろう。その勇気が求められる。

教師をまるで犯罪予備軍のように見るのは気が引けるし、ＰＴＡは犯罪抑止の組織ではないと考える人も多かろう。しかし、犯罪というのは被害者の人生を台無しにし、同時に加害者の人生も台無しにする。社会に少なくとも２人の損失が生じてしまう。現段階でこれを止める実質的な機関はない。教育委員会も厳しく指導しているだろうが、その効果が上がっていない。もしも教員同士がかばいあったり、校長や教頭が事件を公にしたがらなかったりするようであれば、新たな被害を招いてしまいかねない。ＰＴＡは負効率な社会構築を阻止する役割も担っているといえる。

(5)　健康維持

ＰＴＡは大人同士のつながりもつくる。筆者（水野）が住んでいた千葉県浦安市では、ＰＴＡ主催で、市内の小中学校に通う子どもの保護者たちが学校対抗のスポーツ大会を行っていた。ソフトボールとトリムバレーの２種である。当時は９月15日が敬老の日で、この日に市内の運動競技施設を借り切ってその大会を開いていた。そこでの優勝は各校とも嬉しいらしく、保護者たちはその大会のために日ごろから集まって練習を重ねていた。

ＰＴＡの目的は子どもたちのためであるから、こうした大人のためのスポーツ大会の開催は批判の的になっていた。20校近くが出場する大イベントであり、素人の保護者たちがボランティアでその準備を担うのは大変な苦労であった。１日で終わる大会にもかかわらず、多くの日数をかけて準備をしなければならない。特に、ＰＴＡ連合会の運営の当番になった学校にとっては大きな負担であった。スポーツ大会に出場する保護者が中心になって準備していたものの、この大会のあり方についてはは多くの批判が出ていた。

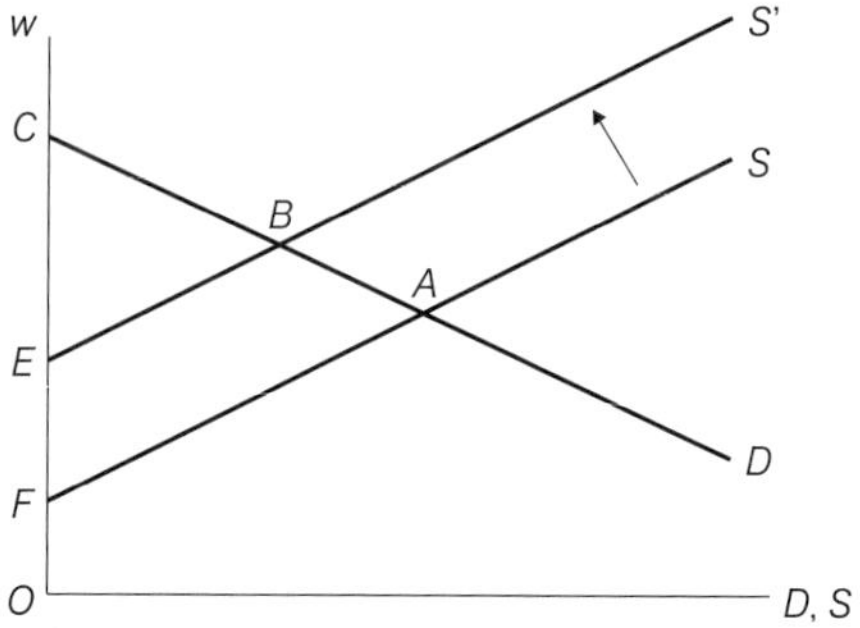

図11-３　人材の損失

だが、プラス面も大きかった。第一に、他の学校との連携が図れたことである。当初、他の学校についてはよその学校として互いに無関心であったが、スポーツ大会を通して保護者同士が交流し、情報交換ができるようになった。第二に、保護者の健康維持につながったことである。子どものためにも社会のためにも、保護者が健康であることは重要である。毎年スポーツ大会が行われ、そのために練習をする。日ごろ体を動かすことから離れている現代の人たちにとっては、またとない機会となっていた。負担の大きいＰＴＡ活動のなかでもこのスポーツ大会は負効率の象徴のようであったが、実はこうした効率を生み出していたのである。

(6) 経済理論的な説明――人材を失う損失

先に見たように教師による性犯罪は人材の損失を招く。人材の損失は社会の損失である。図11-3は社会の労働の需給曲線である。当初の需給均衡は点Aである。このときの余剰の合計は△ACFである。ところが、不幸な事故や事件で社会から（将来を含めて）人材が消えたとしよう。すると、供給曲線が左のS'にシフトしてしまう。その結果の均衡点は点Bとなり、総余剰は△BCEとなる。□$BEFA$だけ縮小してしまう。人材を守ることの大切さが基本的な経済理論からも分かる。

4　ＰＴＡの意義

ＰＴＡにはいろいろな側面がある。東京都杉並区の和田中学校では、ＰＴＡをなくして、地域の人たちを巻き込んだ新しい組織をつくった。それもひとつのあり方である。和田中学校はことあるごとにマスコミを呼んで話題を提供していた。しかし、問題も発生した。いざ学校にわいせつ教員が出たときに学校側が巧みに隠し、公になったのは後々になってのことだったのである。[*8] ＰＴＡに変わる新しい組織をつくったはいいが、それでもなお根強い学校の閉鎖性が見破れなかったということになる。

もちろん、ＰＴＡが学校内の問題を正せるかどうかといえば難しいかもしれない。しかし、ボランティア団体としてのＰＴＡには敬意が払われるべきであろう。今でも大半の学校では従来通りのＰＴＡが継続されている。

本章では、ＰＴＡの意義として、その活動が直接的に経済社会に貢献していること、子どもたちを守るために社会の負の要素を排除し経済社会に貢献していることなどのメリットをあげた。

このようにＰＴＡは、ボランティア活動とはいえ、日本経済において重要な団体である。一見、負効率に見えて、実は社会的にプラス面の大きい組織なのである。

今後も、任意か強制かの議論は繰り返されるのかもしれない。しかし、これまで、その時々の保護者たちが社会状況に応じて子どもたちに必要な活動を行ってきたし、これからも行っていくであろう。町内会や自治会、その他の民間団体などとも連携し、活動を七変化させており、決して陳腐化した組織ではない。日本独特の組織であるＰＴＡは、教育界だけでなく経済社会も支えている。

注

＊1　ＰＴＡ会員は女性が多く母親に任せきりという印象があるが、近年は男性も「おやじの会」などを結成して学校教育に貢献している。

＊2　父親は学校行事の手伝いとしての協力が多かった。その意味ではジェンダーフリーとは言い難いかもしれない。

＊３　役員には、全体を運営する本部役員と、クラスから選出されるクラス役員がある。

＊４　「ＰＴＡ入るか入らないか、それが問題だ！」『時事ドットコム』２０２２年３月５日、https://www.jiji.com/jc/v8?id=20220226pta（２０２２年12月１日閲覧）。

＊５　小野・山内（２００２）はボランティアを経済的観点から論じている。

＊６　Ｋｎｂ「『殺そうと思って刺しました』仙台・太白区で女子中学生２人を刺した男」２０２１年７月７日、https://www.khb-tv.co.jp/news/14663474（２０２３年３月１日閲覧）。

＊７　「10代女性誘拐、教頭認める　静岡地裁支部初公判」『産経新聞』２０２０年12月21日、https://www.sankei.com/article/20201221-6NOTALGKP5MR3C4VGQ2SY655Z4/（２０２３年３月１日閲覧）。

＊８　「東京・杉並区立和田中がわいせつ事件を１年隠蔽」『週刊金曜日オンライン』２０１１年６月３日、http://www.kinyobi.co.jp/kinyobinews/2011/06/03/%e6%9d%b1%e4%ba%ac%e3%83%bb%e6%9d%89%e4%b8%a6%e5%8c%ba%e7%ab%8b%e5%92%8c%e7%94%b0%e4%b8%ad%e3%81%8c%e3%82%8f%e3%81%84%e3%81%9b%e3%81%a4%e4%ba%8b%e4%bb%b6%e3%82%921%e5%b9%b4%e9%9a%a0%e8%94%bd/（２０２３年３月５日閲覧）。

参考文献

小野晶子　２０１２「高齢者の社会貢献活動――分析のフレームワークと要旨」『高齢者の社会貢献活動に関する研究――定量的分析と定性的分析から』労働政策研究・研修機構報告書１４２、https://www.jil.go.jp/institute/reports/2012/documents/0142_01.pdf（２０２２年１月１日閲覧）。

小野晶子・山内直人　２００２「経済学からみたボランティア」『ボランティア活動研究』11、67〜77頁。

第12章　食の負効率

——自給率が低い国の食品ロス

1　食料自給率——本当に低いのか

日本では、食料自給率は低いのに食品ロスが多いという、一見理解できないような奇妙な現象が生じている。食料が足りないのに余っているというのである。このアンバランスのせいで、SDGsの発展途上国の「飢餓をゼロに」の達成に手が回らないのではなかろうか。本章ではこのアンバランスを深掘りしてみたい。

(1) カロリーベースでの計算

日本の食料自給率について考えてみよう。日本は食料自給率が低くて心配だといわれている。食料自給率は政府により毎年公表されているが、その推移を見ると、30年以上前から50％にも満たない状況が続いていることが分かる。それはつまり、日本は海外との関係が絶たれると必要な食料のうち半分も確保できない状態にあるということだ。食料自給率の数字が発表されるたび国民は不安に駆られるが、時がたつにつれ忘れてしまい平穏な日常に戻る。実際に日本が食料不足に直面するという事態はいっこうに訪れない。

実は食料自給率の計算には2つの方法があるのをご存じであろうか。カロリーベースの計算と生産額ベースの計算（国際標準）の2つである。このいずれを採用するかは、各国政府が決めることとなっている。

日本の食料自給率はカロリーベースで計算されている。「カロリーベース総合食料自給率」といい、基礎的な栄養価であるエネルギー（カロリー）を計算基準とするものである。「国民に供給される総供給熱量」における「国内生産で賄われる供給熱量」の割合を示す指標であり、2019年度の食料自給率は次のようになっている。

カロリーベース総合食料自給率（2019年度）

＝1人1日あたり国産供給熱量（918キロカロリー）
／1人1日あたり供給熱量（2426キロカロリー）
＝38％

カロリーベース食料自給率では、まず①国民1人あたりに供給されている食料全体の熱量を計算する。次に②国民1人に供給されている国内で生産された食料の熱量を計算する。①に占める②の比率として自給率が計算されている。2019年度は右記の通り38％であった。国内から38％の熱量しか供給されていないということは、残りの62％の熱量は外国から輸入した食料ということになる。

農林水産省の統計をグラフ化したのが図12-1である。1965年の食料自給率は73％と、7割を超える高水準だった。しかし、時がたつにつれて低下し、2010年には40％を割り込んでしまい、10年代以降は30％台が続いている。

このカロリーベースの食料自給率によって、国民に供給されているエネルギーのうち、どれくらいが国産で賄われているかが分かる。しかし、次の3点に留意しておかなければならない。

第一に、日本で採用しているカロリーベースの計算は国際基準ではないということだ。日本のほかにも韓国や台湾など一部の国・地域で使われているが、世界の大半の国はカロリーベースの計算は採用していない。日本政府がカロリーベースの計算を採用している理由として、国民に食料自給

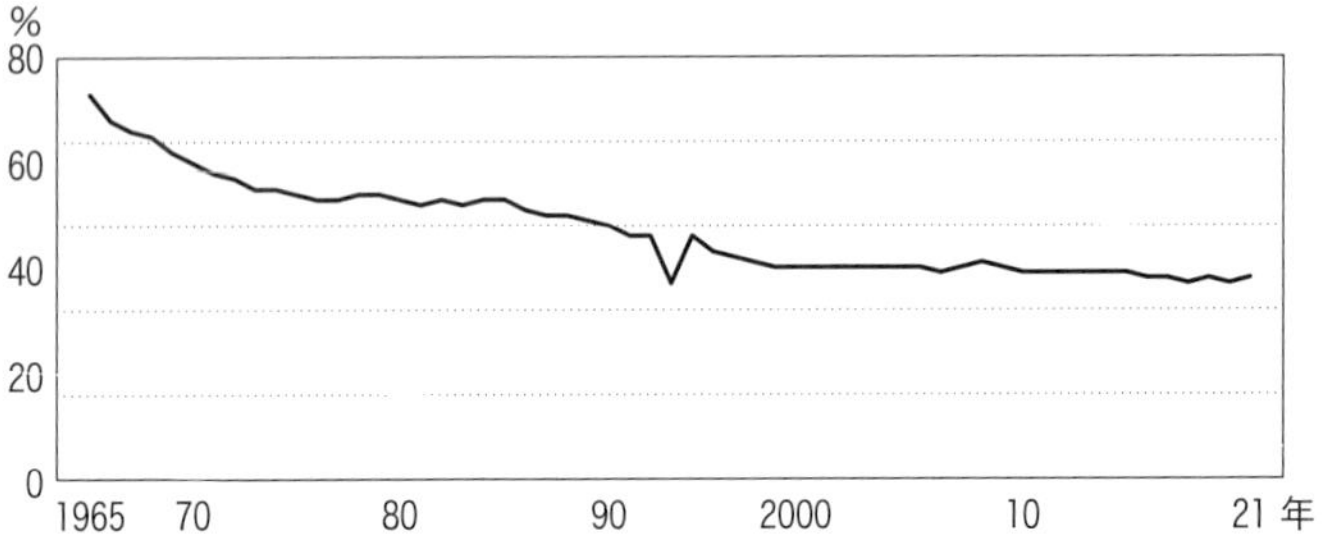

図12-1　食料自給率（カロリーベース）

出所：農林水産省「総合食料自給率（カロリー・生産額）、品目別自給率等」『日本の食料自給率』（https://www.maff.go.jp/j/zyukyu/zikyu_ritu/012.html 2023年4月22日閲覧）を参考に筆者作成。

に対して危機感を抱かせるためというのがあげられる。食料危機という問題を国民が常に身近に感じられるようにするためという狙いがある（その意図は決して否定されるものではない）。

第二に、輸入飼料を使って生産された農産物は国産として算入されないことに留意が必要である。つまり、輸入飼料を食して育った家畜の肉は国内で供給されたカロリーとして計算されないのである。日本で生まれ育った家畜でも、食べ物が外国産だと、その家畜は国産として扱われない。ならば国産食料を38％しか食していない日本人も「外国産の日本人」という扱いになるのだろうか。また、野菜など低カロリーの食品の場合、いくら重量があっても、カロリーベースでは低く算出されてしまうという問題もある。

第三に、食料自給率は、日本で供給されている全カロリーにおける比率であり、日本で必要な全カロリーにおける比率ではないということに留意しなければならない。すなわち廃棄された食料も分母に含めて計算されてしまう。環境省が２０２１年4月に公表した「我が国の食品廃棄物等及び食品ロスの発生量の推計値（平成30年度）の公表について」によると、[*1] ２０１８年度は「食品廃棄物等の発生量は約２５３１万トン、このうち、食品ロスは約６００万トン」とされていた。食料自給率が低いといわれつつ、食品ロスが多く発生しているような状況であると、人が生きるためにどれだけのカロリーが必要なのか正確な数字が分からない。

(2)　生産額ベースでの計算

先に述べたように、食料自給率の計算方法には生産額ベースのものもある。「生産額ベース総合食料自給率」とは、経済的な価額計算に基づいてなされる。つまり、国民に供給される食料の生産額（食料の国内消費仕向額）における、国内生産物の割合である。左記に２０１９年度の生産額ベース総合食料自給率の計算例を示そう。

生産額ベース総合食料自給率（２０１９年度）
＝食料の国内生産額（10・３兆円）／食料の国内消費仕向額（15・８兆円）
＝66％

これを見ると、２０１９年度は日本で供給された食料のうち66％が国内産で賄われており、政府が心配するほど食料自給率はひっ迫していないことになる。

生産額ベースの食料自給率のメリットは、第一に食料供給に関わる労働力や生産力が分かりやすいことである。投じた労働力に応じて値が大きくなる。国民が欲したものについても値が大きくなる。このように経済社会での必要性を反映した結果が示される。

第二に、低カロリーの食品であっても、経済価値が高ければそれに見合った評価がなされることである。日本では大量の野菜が生産されているが、カロリー計算では野菜の価値は低く見積られがちである。しかも日本人は毎日大量の野菜を消費しているにもかかわらず、それも過小評価されてしまう。しかし生産額ベースの計算なら正当に評価される。

表12-1　食料自給率のカロリーベースと生産額ベースの比較

単位：%

国名	カロリーベース	生産額ベース
カナダ	255	120
オーストラリア	233	133
アメリカ	131	90
フランス	130	83
ドイツ	95	66
イギリス	68	60
イタリア	59	82
スイス	52	66
日本	38	66

出所：農林水産省「日本の食料自給率」(https://www.maff.go.jp/j/zyukyu/zikyu_ritu/013.html 2023年4月22日閲覧）のグラフを参考に筆者作成。
注：2019年（暦年)。ただし日本は年度、オーストラリアは2017年。

表12-1は、カロリーベースと生産額ベースの両方で計算した各国の食料自給率を示したものである。

カナダとオーストラリアは生産額ベース、カロリーベースともに100%を超えている。人口に比して国土が広大だからであろう。アメリカとフランスはカロリーベースでは100%を上回っているが、生産額ベースでは100%に達していない。その他の国は両方とも100%に達していない。日本は小さな島国に1億人以上の人口がいるということもあり、両方とも100%を下回っている。他国と比較すると、生産額ベースでは他国並みであるが、カロリーベースだと低くなっている。

このように食料自給率は計算方法によって危機的かそうでないかの評価が分かれる。日本は、国内の第一次産業を重視するために、「食料自給率が低い」という危機感を高めようとしている。したがって、生産額ベースではなくカロリーベースを採用している。しかし、ならば生産額ベースで計算したら安心かというと、そういうわけでもない。それでも7割未満しか賄えていないのが事実である。

ここでは、いわば、カロリーベースを政治的な計算方法、生産額ベースを客観的な計算方法として紹介したが、そうした議論をする以前の問題として、日本は両方の値とも低いことを改めて指摘したい。国土が狭く、労働力の多くが第二次産業と第三次産業に振り分けられているため、食料生産が危機的であることは確かだ。危機意識を持つこと、そしてその危機に対して国民ひとりひとりが努力をすることが必要なのは確かである。[*2]

我々は何をすべきか。次節で「食品ロス」に目を向けて考えよう。

2　食品ロス

(1)　食品ロスとは

２０１８年度の日本の食料自給率は37％（カロリーベース）で過去最低であった。他方、年間の食品ロスは約６００万トンであり、一方で足らずもう一方で余るという矛盾した現象が生じている。しかし経済は、消費が行われれば行われるほど活発化し、成長する。仮にそうだとすると、食品ロスが発生する問題は経済の活発化を促すとも考えられる。消費が活発化するには人がモノをたくさん買わなければならない。食品業においては実際に摂食する以上の量が供給され、購入される。結果、ゴミが増えて産業廃棄物処理業も活性化する。食品ロスは、解決すべき悪しき問題と扱われつつ、もう一方で経済を成長させてきた。この競合関係が問題をややこしくしている。

(2)　食品ロスはなぜ起きるか

なぜ食品ロスが起きるか。例えば小売の段階を考えてみよう。食品には賞味期限もしくは消費期限の設定があり、その期間内に売れなかったものがあまりにも多いのである。食品であるから再利用というわけにはいかない。もったいないが、その再利用を禁じることで、日本全体の食の安全が保たれている。

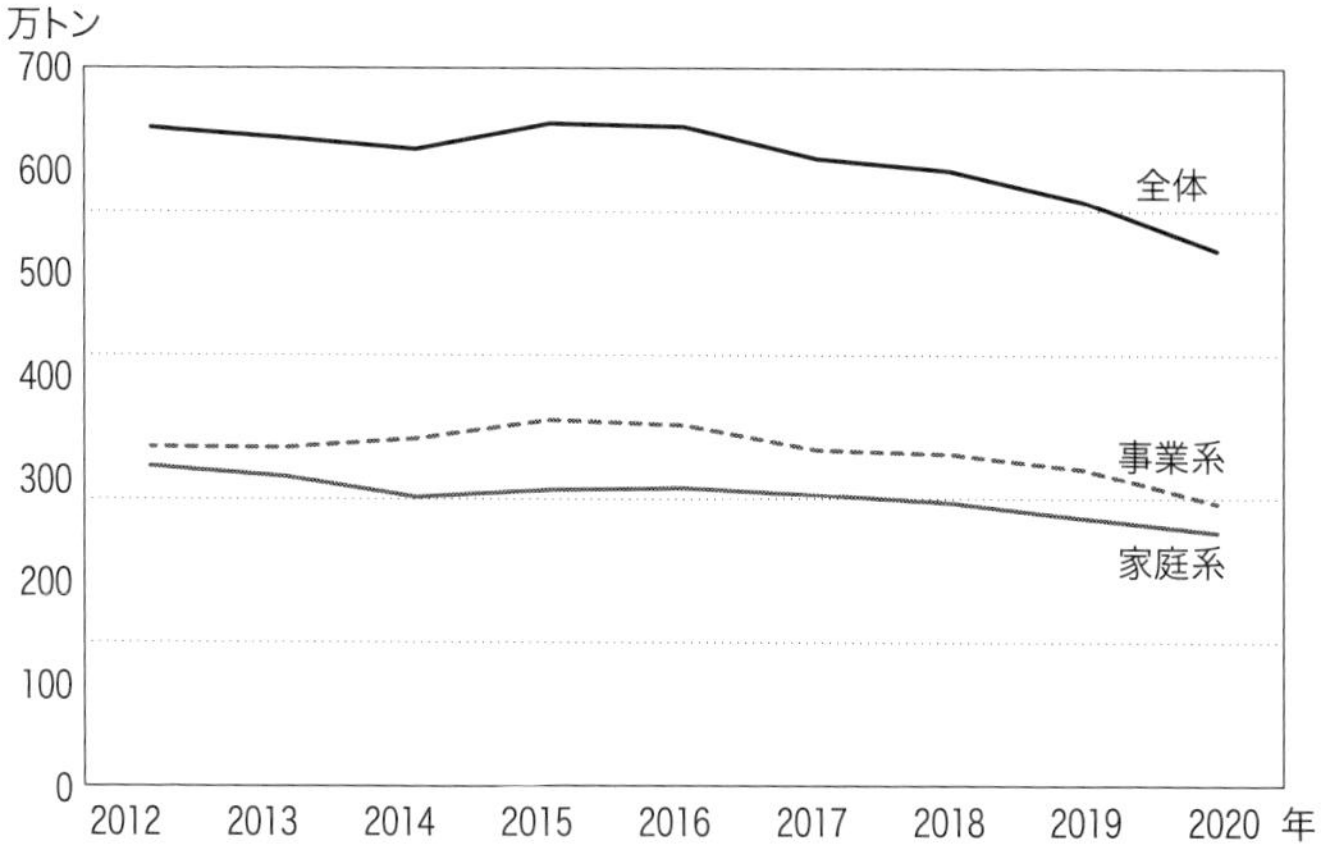

図12-2　年間食品ロス量

出所：農林水産省「食品ロスとは」(https://www.maff.go.jp/j/shokusan/recycle/syoku_loss/161227_4.html 2023年4月22日閲覧)。

では売り切れないほど大量に仕入れた小売店が悪いのか。つぎに消費者と事業者、どちらが食品ロスの元凶となっているのか見てみよう。図12-2は農林水産省のデータである。これによると、事業系食品ロスが家庭系を上回るが、だいたい半々ともいえる。

衝撃的なのは、家庭系のごみ（廃棄物処理法における食品廃棄物）が日本全体で年間７６６万トンなのに対し、そのうちまだ食べられるのに捨てられているのが２７６万トンという事実である（２０１８年度）[*3]。まだ食べられるというのは「食べ残し、過剰除去、直接廃棄」を指す。家庭ごみの４割近くが食べられるのに捨てられた食品ということである。最初からその分を買わなければよいのにと思ってしまう。他方、事業系の食品廃棄物では、日本全体で年間１９７０万トンであり、そのうち食品ロス（規格外品、返品、売れ残り、食べ残し）は352万トンで、2割未満である。さすがに企業は採算を考えるので、事業系食品ロスの割合は家庭系より小さくなっている。

(3) 消費者側の要因——買いすぎ

消費者は、1円安い、2円安い、10円安い……と少しでも安いものを一生懸命に買い求める。しかし捨てることに関しては、1円の無駄、2円の無駄、10円の無駄……と、買ったものを廃棄することの無駄を考えない。安く買えたら安心してしまい、捨てる無駄に関してはまったく無頓着になってしまっている。この消費行動が、家庭系の食品ロスを増やしている。

行動経済学に「心の財布」というものがある。レストランで2万円の高級料理を食べた後、電車に乗る代金をケチって歩いて帰るという節約がこれにあたる。レストランで開けた財布の価値観と帰りの交通のために開けた財布の価値観が異なるというものである。同じ人でも場面によってお金の価値観が異なってくる。食品を買うときは、1円、2円を惜しむ心の財布がある。一方で、買ってしまった食品に対しては、捨てるときその何百円が惜しくないという心の財布がある。この心の財布のアンバランスさが食品ロスを生む。買ったときの価値観で、買った食品を最後まで扱えば食品ロスは出ないであろう。ところが買ってしまった後は、様々な事情で心の財布の尺度が変わってしまう。もったいないという気持ちよりも、仕方ないや、棄てた方が合理的という気持ちの方が強くなってしまう。

では、賢い消費者を育てるにはどうすればよいのか。すでに様々な場面で食品を扱う際に環境に配慮するよう環境教育がなされている。それにより、そうとうの食品ロスがなくなったと思われる。

また、買物を減らす行動にインセンティブを与えるという方法もある。簡単なことで、軽減税率などやめて食品にちゃんと消費税をかければよいのだ。経済学でいう価格上昇の効果で消費量を減少させることができるだろう。しかし、その実施は簡単ではない。

そこで行動経済学の助けを借りよう。ナッジ（一口メモ⑰参照）という手法である。公共広告などで、1円、2円を大切にして買ってきたものを使い切るその最後まで、買ったときの節約を活かしましょうと、消費者に訴えるのもよい。心の財布の存在をしっかりアピールして、その価値尺度を変えないように促すのだ。賢明な人ならばその意味が理解できるであろう。理解してくれた人たちの幾人かはそれに呼応して行動してくれるであろう。

心理学で、そして行動経済学で「心の財布」の存在が定義されているくらいだから、消費者の行動は簡単に変えられないだろう。人間の性として、そのつど心の財布が違うのは仕方ないであろう。すべての食品ロスをなくすことを最初から目指すのではなく、一歩一歩進むことが重要となろう。

(4)　事業者側の要因

廃棄（食品ロス）問題と食の安全

食品には一般に消費期限や消味期限が定められており、その期限を過ぎた商品は廃棄されることがほとんどである。これが仮に食品でなかったならば、再利用なども大いに推奨されたであろう。しかし、こと食品においては人体に悪影響を及ぼすことが考えられるため、厳密な期限が定められている。この食品の期限をめぐっては、長すぎるか短かすぎるかという議論が後を絶たないところであるが、人々の健康を守るという目的を最優先した場合にはやむをえないのかもしれない。しかし、国民の健康に対して必要以上の配慮をしているため、食品ロスが減らないという問題もある。

筆者（土居）は学生時代に飲食店でアルバイトをした経験があるが、事業者側の規定として、賞味期限の切れた商品やその日に製造した総菜は処分することが定められていた。売れ残りがなければ問題ないが、すべてが売り切れることは稀であり、２００４年当時、アルバイトのたびに数家族が優に生活できるであろう量の食品を廃棄していたことを覚えている。また、季節ものの食品が廃棄に回りやすいのはさることながら、一般家庭の普段の食卓に並ばないような贅沢な食品ほど廃棄に回る傾向も感じた（むろん、一部の商品は値下げなどをすることで販売につなげてはいた）。

食品ロスを減らすことと食の安全や人々の健康を守るといった考えは競合する関係（トレードオフの関係）にある。また、経済を活性化させようとすると食品ロスが発生するという問題もある。食の安全を考えつつ食品ロスを解決するためには、商品の供給量（つくりすぎの問題）を見直さなければならないであろう。

商品をつくることは経済の活性化につながるが、それにより食品ロスの問題が浮上してきている。一見、負効率とも考えられる「つくる量を制限する」といった考え方が、近年の経済には求められているであろう。

コンビニ

スーパーマーケットなどでは閉店前に値下げして期限内に食品を売り切ろうとしている。それに対してコンビニでは、これまで、賞味期限が過ぎた弁当などは値下げせず、廃棄していた。コンビニは24時間営業で、次々と新しい商品が入ってくる。しかし、スーパーに比べて売場面積が限られているため、賞味期限や消費期限が迫ったものを値下げしてまで陳列していると、新しく入荷した商品が並べられない。いつまでも値下げシールを見ることになってしまう。こうした理由から値下げすることができなかったし、「廃棄するものは廃棄する」といった厳格な規則の関係上、従業員が食することもできなかった。これまでコンビニが蓄積してきたノウハウなのであろう。

だが、その廃棄量があまりにも多くなったので、現在では各業者とも値引きして販売することも多くなっている。また、24時間営業も見直されようとしている。今までコンビニは事業系食品ロスの代表格であったが、今や大きく舵を切ろうとしている。ぞくぞく新商品を開発し、次々にヒットを飛ばすコンビニだが、ようやく自らの食品ロスの大きさに目を向けたようだ。日本経済をけん引するコンビニが、経済成長と環境保全の競合関係をどのようにおさめるのか、今後に期待したい。

一口メモ㉒　競合（トレードオフ）関係

協業関係はトレードオフとも呼ばれ、「こっちを立てればあっちが立たず」という関係を指す。経済政策にプラスの面があると同時にマイナスの面が生じるのは、経済のなかには競合関係があるからである。

これまで見過ごされてきたマイナス面を是正しようというのがＳＤＧｓである。今や政府も自治体も企業もこぞって取り組み、ＳＤＧｓのかれこれを実行したと誇っている。だが、よく考えてみると、ＳＤＧｓの1項目を実行したとしても、他の項目を害する関係になっているかもしれない。この点から皆が目をそむけている。

3　国内の負効率を世界の効率に変える

食品は胃袋に入るものだ。胃袋の大きさが2倍にならない限り、食品の消費量も2倍にはならない。つまり食品の消費量は限られているということだ。農林水産省の「食品廃棄物等の利用状況等（平成28年度推計）」によると、[*4] ２０１６年に供給された食品の総量は８０８８万トンであった。そのうち廃棄物の総量が１９７０万トンなので、胃袋に入っているのは５５００万トンということになる。これが日本の胃袋のキャパシティである。

さらに、同資料によると２０１６年には６４３万トンが食品ロスとなっていたから、日本の食品の約８％が食品ロスということになる。日本人のひとりひとりが1割ちょっと余分に食べれば食品ロスはなくなる計算であるが、現実的ではないであろう。食品ロスをなくすには再利用も有効である。もちろん期限切れの商品を不正に販売するのではなく、安全・安心な正規のルートづくりが必要だ。とはいえ、期限の延長にも限度があろう。

ここで再び、食料自給率に目を向けよう。先述したように日本の食料自給率は本当に危機的状況かというと、そうでもない。しかしカロリーベースにせよ、生産額ベースにせよ、諸外国に比べそうとう低いのは事実である。それにもかかわらず世界中から食料を掻き集めて食品ロスをつくっている。まさに負効率の典型であろう。

この負効率の背景には食の安全や人々の健康を守ってきたという評価できる面もあるかもしれない。しかし、ＳＤＧｓにおいて発展途上国の「飢餓をゼロに」のような目標が掲げられている通り、今まさに見直さなければならない状況に差し掛かっていると思えてならない。

国連世界食糧計画によると「世界中で、８億１１００万人が十分な食料を持たず、５千万人が緊急レベルの飢餓に直面して」[*5]いるという。日本はＯＤＡとして厳しい飢餓に直面する国々に多くの支援をしてきた。それは高く評価できる。さらに今後は、日本国内の問題を解決しながら発展途上国の飢餓問題を支援していく仕組みづくりを考える必要がある。日本の問題を放っておいて他国の支援ばかりをしているようなアンバランスな政策を打ち出しているようでは、今ある負効率をプラスに転換することはできない。内外の問題を同時に解決すべき方策を講じていく必要がある。

注

＊1　環境省「我が国の食品廃棄物等及び食品ロスの発生量の推計値（平成30年度）の公表について」２０２１年４月27日、https://www.env.go.jp/press/109519.html（２０２３年３月１日閲覧）。

＊2　この節は次の文献を参考にしている。小野雅彦「日本の『食料自給率』はなぜ低いのか？——食料自給率の問題点と真実」『Smart Agri』２０１９年３月12日、https://smartagri-jp.com/agriculture/129（２０２１年２月１日閲覧）、「意外と知らない！　日本の食料自給率って何が問題なの？」『自分農業』２０１９年６月14日、https://www.sangyo.net/contents/myagri/zikyu_ritu.html（２０２１年２月１日閲覧）、「日本の食料自給率がカロリーベースになっている理由」『Think and Grow Ricci』２０１９年１月19日、https://www.kaku-ichi.co.jp/media/tips/column/food-rate-calorie（２０２１年２月１日閲覧）、農林水産省「日本の食料自給率」https://www.maff.go.jp/j/zyukyu/zikyu_ritu/012.html（２０２２年３月１日閲覧）。

＊3　＊1と同じ。

＊4　農林水産省「食品廃棄物等の利用状況等（平成28年度推計）」概念図、https://www.maff.go.jp/j/shokusan/recycle/syoku_loss/attach/pdf/161227_4-118.pdf（２０２３年３月５日閲覧）。

＊5　国連ＷＦＰ「国連ＷＦＰとは」https://ja.wfp.org/who-we-are（２０２３年１月20日閲覧）。

■編者紹介

水野勝之（みずの　かつし）

所属：明治大学商学部教授、経済教育学会会長

学位：博士（商学）、早稲田大学大学院経済学研究科博士後期課程単位取得満期退学

専門：システム－ワイド・アプローチ理論、地域経済の活性化

主な著作：『新テキスト経済数学』（共編、中央経済社、2017年）
　　　　　『ディビジア指数』（単著、創成社、1991年）

土居拓務（どい　たくむ）

所属：明治大学商学部兼任講師、明治大学経済教育研究センター客員研究員、経済教育学会理事、一般社団法人 Pine Grace 設立（2017年）・事務局長

資格：森林総合監理士（フォレスター）

専門：森林資源の利活用による地域活性化、規模の経済性の応用理論

主な著作：『余剰分析の経済学』（共編、中央経済社、2018年）
　　　　　「Comparative Study of Forestry in New Zealand and Japan」（『日本ニュージーランド学会誌』第25巻、2018年）

■執筆者一覧（五十音順）

水野勝之　＊編者紹介参照　担当：第1～12章

土居拓務　＊編者紹介参照　担当：第1～12章

中村賢軌（なかむら　さとき）　明治大学大学院商学研究科博士後期課程
担当：第8章

大田ひかる（おおた　ひかる）　明治大学大学院商学研究科博士前期課程
担当：第12章

負効率の経済学
――マイナスからプラスを生む思考のすすめ

2023年8月10日　初版第1刷発行

編　者　水野勝之
土居拓務
発行者　杉田啓三
〒607-8494　京都市山科区日ノ岡堤谷町3-1
発行所　株式会社　昭和堂
TEL(075)502-7500/FAX(075)502-7501
ホームページ http://www.showado-kyoto.jp

印刷　亜細亜印刷

ISBN 978-4-8122-2220-1
＊落丁本・乱丁本はお取り替えいたします。
Printed in Japan